Her stories, her power,
in science and technology

科技她力量

在科学求索中绽芳华

DeepTech深科技　编著

中国科学技术出版社
·北京·

图书在版编目（CIP）数据

科技她力量：在科学求索中绽芳华 / DeepTech 深科技编著 . — 北京：中国科学技术出版社，2024.4
ISBN 978-7-5236-0514-1

Ⅰ.①科… Ⅱ.①D… Ⅲ.①女性—科学家—事迹—中国—现代 Ⅳ.① K826.1

中国国家版本馆 CIP 数据核字（2024）第 042102 号

策划编辑	申永刚　任长玉	责任编辑	任长玉
封面设计	北京潜龙	版式设计	蚂蚁设计
责任校对	张晓莉	责任印制	李晓霖

出　　版	中国科学技术出版社
发　　行	中国科学技术出版社有限公司发行部
地　　址	北京市海淀区中关村南大街 16 号
邮　　编	100081
发行电话	010-62173865
传　　真	010-62173081
网　　址	http://www.cspbooks.com.cn

开　　本	710mm×1000mm　1/16
字　　数	280 千字
印　　张	20.75
版　　次	2024 年 4 月第 1 版
印　　次	2024 年 4 月第 1 次印刷
印　　刷	北京盛通印刷股份有限公司
书　　号	ISBN 978-7-5236-0514-1 / K・384
定　　价	79.00 元

（凡购买本社图书，如有缺页、倒页、脱页者，本社发行部负责调换）

赞 誉

《科技她力量：在科学求索中绽芳华》深入挖掘了女性科学家的心路历程。本书不仅关注到这群拥有探索欲望和坚韧不拔精神的女科学家们在科研领域的创新成就，更展现了她们作为女性在家庭、社会中的特色和优势。男女平等，阴阳和谐，天圆地方，乾坤朗朗！我乐意推荐本书给读者，特别是热爱科学、追求梦想的女性，以期感受科技与女性之间美妙交融的愉悦，并得到鼓舞和启示！

王渝生　中国科学技术馆原馆长，感动中国 2022 年度人物

往日的居里夫人、吴健雄、阿达·约纳特等女性科学家，曾是国人心中寥若晨星的科技女神。如今，世界走向了信息与智能时代，男女接受教育的机会和学术成长的条件日益平等。因此，新时代的居里夫人、吴健雄、阿达·约纳特等女性科学家将喷涌而出，与男性科学家们并驾齐驱，为科学技术发展与经济社会进步做出同样辉煌的贡献。《科技她力量：在科学求索中绽芳华》介绍的这批女性科技精英让我们看到了这种美好的前景，令人鼓舞。祝贺她们！向她们致敬！

钟义信　国际信息研究科学院院士，中国人工智能学会原理事长

《科技她力量：在科学求索中绽芳华》一书收录了 11 位女性在科技领域中的杰出成就和感人故事，展现了她们的坚韧与智慧。该书不仅为女性科技工作者们提供了榜样和启示，也向世界展示了女性的无限潜能。

韩力群　发展中世界工程技术院院士，中国人工智能学会原常务副理事长

我们惊喜地看到，本书中的女性出现在世人面前时，不再被赋予母亲、妻子、女儿的家庭标签，她们清醒、睿智、坚定、富有力量，她们的科学成就和社会贡献足以让世界铭记，她们的自我实现之路更鼓舞着广大青年，载知识之车、寓道德之舍。本书是属于她们的史诗，更是写给这个时代所有女性的情歌。

罗惠娣　北京海归协会副会长，海归女性精英工作委员会主任

前言
PREFACE

女科学家去哪儿了？

"肯在芭比乐园获得的职位，会和女性在现实世界中获得的职位一样多。"这是 2023 年 7 月在世界范围内掀起热议的电影《芭比》(Barbie)中一句发人深省的台词。

诺贝尔奖得主的男女比例或许是这句台词最有力的佐证之一。1901年，诺贝尔奖首次颁发以来，一共有 581 人获得诺贝尔自然科学奖，其中仅有 17 名女性得主，女性诺贝尔自然科学奖获奖人数只占获奖总人数的 2.93%。2016 年诺贝尔科学奖 7 位获奖者均为男性，2015 年仅有屠呦呦一位女性。

斯坦福大学科学史教授隆达·施宾格（Londa Schiebinger）在其著作《心灵没有性别？：现代科学起源中的女性》（The Mind Has No Sex?: Women in the Origins of Modern Science）中写道："近三百年来，英国皇家学会中唯一永恒的女性存在，便是一具保存在学会解剖储藏室中的女性骨骼。"

性别不平等不仅是男性针对女性而施行的行为，也会融入整个体系的机理当中。现代科学这个体系一直都以男性为主导。按照联合国教科文组织（UNESCO）保存的全球科学界女性数据估计，2013年全世界仅有略多于1/4的科学研究人员是女性。在北美和西欧，这一数字是32%；而在埃塞俄比亚，该数字只有13%。

在学术界，女性始终不是主流。普林斯顿大学当代中国研究中心的黄俊铭博士和他的合作者们对学术界中女性科研人员的学术能力表现及其背后的原因展开了调查，在调查的数据集中，他们通过查找姓名字典的方式推断论文作者的性别并加以区分后，发现总体的女性占比勉强超过四分之一。虽然每年发表论文的作者中女性占比在持续增长，从1955年的12%上升到2005年的35%，但仍然远远少于男性。

面对学术界男女性别比例失衡的现实，有一个论断是"女生不适合搞科研"。事实上，男性与女性之间的生产力差异几乎是微不足道的。黄俊哲博士的研究发现女性科研工作者平均每年发表1.33篇论文，而男性是1.32篇……

这本书讲述了中国新生代女性科学家的故事，通过一段段深入的访谈，了解新时代女科学家如何在科研道路上越走越远，在不同科研领域不断钻研；如何在日常生活中绽放自己别样的色彩；在追随内心理想时，如何平衡家庭生活，又获得了哪些成长。

年龄的增长，带来的是角色的不断变换，女性将时间累积成了经验。如今果敢坚定、独立自信的她们，也曾青涩懵懂，也曾在某个时刻感到疲惫、无力、彷徨……然而，她们从未停下探索生活、突破自我的脚步。在日常的学习和工作之外，她们正在解锁各种技能，追寻自己的信念。

让大家看见、听见、关注和理解更多学术界优秀的女性科学家，聚焦她们的科研经历、人生故事和思想观点，是我们出版本书的初心。我们希望将学术界女性的声音传递出去，为打破甚至消除一些刻板印象和固有成见贡献力量。阅读的时间或许是短暂的，但我们相信，真实的故事和切身的感受能够鼓励有志于从事科研的女性，也能够帮助更多的人，让他们勇敢而坚毅地走自己选择的道路。

DeepTech 深科技 & DT Publishing 图书出版策划团队

2024 年春

目录

CONTENTS

第一章
1   张冬梅：永远保持积极思维

第二章
41   鲍哲南：平和坚定地走下去

第三章
73   吕琳媛：一切偶然都有方向

第四章
103   李婧翌：保持好奇，向前一步

第五章
139   唐静：不忘初心，在挑战中前行

第六章
157　段斯斯：不同寻常的科研路

第七章
195　徐洁：把问题交给时间

第八章
219　李博：不惧冷门，勇往直前

第九章
243　同丹：为气候政策贡献中国力量

第十章
265　白蕊：一路攻克世界级难题

第十一章
295　于皓存：仰望星空，追逐梦想

第一章

张冬梅：永远保持积极思维

张冬梅

2019年，福布斯首次发布"中国科技女性榜"，致敬在中国科技领域拼搏的女性，展现引领技术创新、行业变革的中坚力量。微软杰出科学家、微软亚洲互联网工程院搜索事业部副总裁张冬梅曾任微软亚洲研究院常务副院长，她凭借在数据、知识和智能领域做出的卓越贡献登上榜单。

张冬梅的父母都是航天部门的工程师。张冬梅现在还记得小时候妈妈带着她和哥哥到车站送父亲和很多叔叔阿姨前往卫星发射基地的情景，她虽然舍不得和父亲分开，但是内心却充满了自豪感。在成长过程中，她从父母身上看到了老一辈航天人脚踏实地、勤于钻研的可贵品质，家庭环境的熏陶让她变得勤奋务实，她在读大学时自然而然地选择了工科专业。

本科期间就读于清华大学自动化系的张冬梅除了学习本专业课程，还对计算机类的课程情有独钟。其实，早在张冬梅中学时期，就有计算机专家在暑假期间给大院里的孩子讲解计算机基础知识和编程语言，那时她便对计算机产生了浓厚的兴趣。尽管她后来转向计算机方向，但本科和硕士期间学习的自动化知识给予了她坚实的理论基础，为她后来的研究提供了独特的思考角度。

在清华大学读完硕士，张冬梅申请到美国卡内基梅隆大学攻读机器人专业博士学位。在国外求学期间，她逐渐规划好了未来的职业道路——希望能够从事对社会发展和人们的生活有直接影响力的工作。为了将研究成果更好地转化到实际应用中，她投身产业界，毕业后来到了一家创业型公司，后来进入微软总部承担开发工作。

随着国内计算机产业发展起来，张冬梅的一些同事和朋友选择回到国内发展。机缘巧合之下，她受到时任微软亚洲研究院院长沈向洋的引导和邀请。2004年秋天，张冬梅怀着期待的心情回到阔别已久的北京，等待她的是未知的新生活。从此，她扎根于被称为"中国硅谷"的北京中关村。

2009年，张冬梅在微软亚洲研究院创立了软件分析组，带领团队在软件分析这一结合大数据分析、机器学习与软件工程的交叉研究方向上，进行开创性的研究和技术创新，并将多项研究成果应用到了微软的产品中。

2014年11月，张冬梅带领团队把研究工作拓展到商业智能（Business Intelligence，简称BI）领域，他们研发出一系列用于多维数据自动分析以及用户交互的技术并构建出原型系统。

在2015年春天举办的微软技术节上，张冬梅带领的软件分析组首次展示了全组在5个月时间做出的全新的数据分析系统，该项目被微软PowerBI产品团队相中。经历了一段紧张又难忘的时光，2015年年底，实验室的技术原型成了能够让无数用户使用的正式产品。张冬梅团队的研究工作不仅帮助了微软在商业智能领域的向前迈进，也让更多普通用户从数据中获取了价值。

在中国最具创造力的这块土地上，张冬梅和团队做出了许多位于科技发展前沿的研究，她致力于用自己的研究去影响和改变世界，为未来描绘出新图景。历经十几个春秋，她仍然像当初刚踏进研究院时一样充满无限热忱与激情，期待为科技领域增添更多可能。

在十多个春夏秋冬里，一段段或苦涩、或快乐的经历成了她与众不同的人生宝藏，给她注入了无尽活力，帮助她在钻研技术、指导团队、引领行业变革的道路上越走越远。

青少年时期，深受热爱工作、低调务实、踏实肯干的"大院儿"氛围影响

谈到我青少年时期是怎么接触到自然科学、如何塑造自己的性格和学习习惯，我想从几个角度来讲。

首先，家庭氛围给我很大的影响。我的父母都是航天部门的普通工程师，我是在"航天大院儿"里长大的孩子。在这样的环境下，我能感受到非常浓郁的社区氛围和家庭氛围。不仅是我的家庭，我周围的同学、朋友，我们的家庭整体氛围都与中国航天事业的愿景有紧密的联系，并深受影响——大家都非常踏实肯干，也特别热爱自己的本职工作，还非常低调务实。我从小感受到的整体氛围都是这样的，无论是家庭的小环境，还是整个大院儿的环境，氛围非常好。

记得我小的时候，我们大院里的很多叔叔阿姨常去外地工作，也包括我爸爸。我还记得妈妈带着我和哥哥去为爸爸送行，看着长长的火车渐渐远去。遇到重要的节假日，如果有家人因外出工作不能和家人团聚，单位会组织人员对家属进行慰问。

于是，从很小的时候开始，我就产生了对航天、对科技的向往，觉得这些都是非常了不起的事情。对于每一次火箭发射成功，我都感到很激动、很骄傲，因为我的父母也为之付出了心血和努力。这样的成长氛围对我选择工科专业有着潜移默化的影响。从家庭、环境的角度来看，热爱、务实、肯干对我的影响是很深远的。

> **特殊的缘分，促成了她在计算机还未在中国普及的时候，就接触到了相关知识并展开了学习**

我第一次接触计算机，是在小学毕业那一年的暑假。

在我们大院儿里，很多人都是航天领域的科研技术人员。有时他们会在假期里给院里的孩子们办一些兴趣班。我那时参加了一个计算机编程兴趣班学习 BASIC。当时编程使用的还是夏普的 PC-1500，那是一种便携式计算机，感觉很是神奇。我就是从那时候开始与计算机结下不解之缘的，我觉得这件事情是很有趣的，非常不可思议。

选择机会不止一次，找到学科的交叉点和互补性

受我父亲的影响，我在清华大学读本科时选择了自动化专业。我们的专业方向其实是足够宽的。例如，我们当时年级里一共有 5 个班，一班的同学们学的是 CIMS（计算机集成制造）；二班主要是学电子学；我在三班，主要学图像处理和自动控制理论；四班学过程自动化；五班学仪表等方向。这样来看，自动化专业学习是非常广泛的一个范畴，这就意味着你可选、可做的事情非常多。

大学期间，我依然对计算机很感兴趣。清华大学的自动化专业也设置了一些与编程相关的课程，但是它不像计算机系那么系统和深入，所以听计算机系的课程也对我自己的专业课有很多的补充。我在入学后选了计算机系的一些课程，这些课程都是可以去旁听的。不仅是我自己，我们班上的很多同学也都会选择去听计算机相关的课程。

在美国攻读博士时期的张冬梅

博士毕业的张冬梅于卡内基梅隆大学校园留影

无论是否转变专业方向，所走的路途都不会白费

我在本科和硕士研究生阶段时，没有为专业的选择太过操心，但在申请出国读博的时候，确实面临着慎重选择学校和专业的问题。主要是因为读博士大概率是要用 4 年到 5 年的时间，而且关系到未来到底要做什么样的工作。

当时的我主要考虑申请以计算机科学（Computer Science）和电子工程（Electronic Engineering，EE）这些学科为主。有意思的是，国内外在专业名称的设置上有些不同，清华大学现在依然使用"自动化系"（Department of Automation）这个名称，但在美国，专业一般叫 Computer Science（计算机科学），或者叫 Computer Engineering（计算机工程）。我当时的方向，整体上来看其实和计算机工程是比较相近的。

我当时之所以申请卡内基梅隆大学（Carnegie Mellon University，简称 CMU），首要的原因是从专业设置来讲，机器人专业是一个非常综合性的专业，在这个专业里有很多的方向我可以选择。而且这个专业对我的专业背景没有严格的要求，它考虑更多的是你的兴趣和潜力。

在做读博的选择时，我没有追求在专业上要马上改变。现在来回顾我的学习和工作，一直到现在的经历，我发现一路上从学习的东西，到在不同的公司做的不同的工作，无论在一个公司里面做开发性质的工作到后来做研究性质的工作，我的聚焦方向实际上是一直在变化的，并不是说我原来学的是一个专业，然后从头到尾就都在做同一专业的工作。

不同的专业或者不同的方向，它们带来的经历，让我在整个过程中开阔了眼界，锻炼了能力。当有一些机会来临，不管是主动还是被动地面对这些机会的时候，我发现这些经历实际上都帮到了我。

我举个例子，比如我们刚才讲到了"自动化"，尤其我们学"自动控制"的人，有一个概念特别重要，就是"系统观"。在"系统观"里，"反

馈"（feedback）是一个特别重要的概念。学习过自动化的人说起"反馈"，是一件特别自然的事情。但在领域之外，可能在相当长的时间里，很多系统一直是"开环系统"，也就是没有"反馈"。现在，在有些系统中实现闭环还是相当困难的。

"系统观"帮助我在云智能（Cloud Intelligence/AIOps）这个研究方向上提出了一个创新的、重要的概念——积极系统设计（proactive system design），它对复杂大规模分布式系统设计有着深远的影响。

最后，我还要提到我所说的"我做过不同类型的工作"。我在博士毕业之后一共做了4年半的开发人员，实打实地开发产品，而且这些产品是要发布出去的。产品的用户包括企业用户和个人用户。有了这份工作的经验，我便清楚地知晓，开发产品真正意味着什么。所以，2004年，我来到微软亚洲研究院，相当于重新再回到研究领域时，我发现自己看问题的角度跟以前在读博期间不一样了，我看待研究工作的角度也不一样了。

读书的时候，包括硕士研究生和博士期间，我还是比较聚焦于科研角度的——要去寻找有意义的科研问题，因此我要先知道大家都已经围绕同类的科研问题做了哪些事，然后我要提出自己的想法，再提出并实现自己的新的解决方法，而后对它进行评测，继而证明这些想法相较之前的观点确实有突破，最终把它发表出来。作为研究工作的一部分，我会参加一些学术会议，跟同行进行交流。读书时所做的这些工作，是一个很好的研究行为，也是一个很丰富的积累过程。

而在有了开发者的职业经历之后，再回到研究领域，我有很大的期待——并非只是回到学校里单纯地做科研的状态，而是希望自己的研究成果能够有机会呈现在微软的产品里，能够帮助到微软的产品，从而帮助到更多的用户，为社会带来改变。这样期待的前提是，我见过外面的世界，知道自己的工作可以给世界带来什么样的不同。

正是因为你学习过不同的知识，体验过种种不同的经历，在你主动争取或被动遇上一些机会的时候，你会发现你会具备完成这些工作的能力。

所有人都转向新领域，对没有经验的新人是一个机会

刚毕业时我加入的创业公司，主营业务是我比较熟悉的三维建模，但是，在我进公司前，CTO 打电话给我，告诉我只留了一个小团队做原来的事情，绝大部分人要去做新的电子商务方向，让我考虑一下。

我听完之后，心里有一个很直接、很实际的考虑，就是公司里大部分人都去做新的东西，我作为新人加入这个公司，肯定要加入新的大团队，否则就要很快面临重新找工作。其实我读书时做的方向也变了，并不是我已经熟悉的方向。

所以我觉得自己面对变化还是比较坦然的，能够比较积极地去调整和适应，不会因为不是自己熟悉的东西，马上就无所适从了。

另外，我觉得当时也稍微乐观一点的事情是，如果这个公司还做原来那些东西，其他人非常有经验，那么作为一个新人，我肯定是没有优势的。如果现在大家都做一个新的东西，大家都没学过，都是在同一个起跑线。这样对于每个人都是机会，所以我对这件事情没有太过担心，新的东西大家一块学。

不断学一些新的东西是长期主义的一个体现，通常它不会有立竿见影的效果，但在无形当中会给你带来很多机会。

创立软件分析团队，以三个原则应对变化和挑战

说到微软亚洲研究院的软件分析团队，我觉得这个事例也验证了"任

何经历都不会白费"的这个观点。2008—2009年的时候，我们团队的负责人离开了公司，我们团队还剩下包括我在内的12个人。团队面临着选择接下来要怎么样往前走的问题，在以往4年的基础上，现在整个团队要做什么。在当时的情况下，我成了新的负责人，不管是处于一个被动的状态，还是被整个状况推动也好，总之需要我自己做出决策，没有人会告诉你应该做什么、要做什么。

如果一个人想把研究作为自己的职业，那这样的情况是你必须面临的，因为科研本身就是探索未知。所以，在面对自己做出决策的情况时，我很感谢自己过去的经历，它真的帮助我很多。

最终，我把软件分析（Software Analytics）作为我们团队的新方向。这个方向是由我自己定义的，在此之前，软件工程领域里没有软件分析这样一个明确的方向。

不过，我在考虑团队接下来的工作方向并最终做出决策时，其实是综合了以下两点：首先，我从前负责人的身上汲取了很多的灵感，包括他的视野和想法；其次，我很感谢我博士毕业之后在产品部门的工作经历，以及来到微软亚洲研究院后的经历，所有的工作经历都是很好的准备，对我能够做出决策产生了很大的影响。

我认为要从数据驱动的角度去做软件领域的研究，也就是针对软件领域里三个最主要的问题寻求突破。第一个问题是软件系统的质量（software system quality）。计算机程序不是小说，写出来不是目的，运行起来才是。程序一旦运行起来就是一个系统，我们一定要关心系统的质量，包括它的稳定性、性能、安全性等各方面，于是，我们之前提到的"系统观"就起到了很重要的作用。

其次，要关心的是用户体验。我们设计出的软件系统是让用户来使用的，包括各种用户，像大家今天在用微软的办公软件，我们都是用户

（end user），或者用户是一位开发者（developer），例如用户在 Windows 上做二次开发。用户一定得非常喜欢用我们设计出来的软件系统。一个无人使用的软件系统是没有生命力的，即便它的质量再好也没有帮助。因此，我们非常关心用户体验。

最后，我们还要重视开发效率，因为即便你有能力做出大家都喜欢的软件产品，也能保证它的质量很好，但是要是开发周期超长，很可能当你的产品完成时，时机已经过去了，或者市场已经被别人占领了，还可能当你要运营你的产品时，成本极高，导致最后入不敷出，这样也无法做成一个长久的产品。

以上的三个问题，在软件领域是同等重要的，我们需要从数据驱动的角度来解决它们。回到当下，我们发现，数字化转型是一件特别自然的事情，很多事都与数字化有关。在中国，数字化转型得特别好的，电商领域是个例子。在电商的整体系统中，消费者的每一笔消费行为都会被记录下来，这些数据都将帮助电商为大家提供更好的服务。

回头看 2009 年左右，我在微软亚洲研究院时的项目，我们所做的软件分析就是软件行业自身的数字化转型。很多人会觉得这句话说得很奇怪——软件本身不就是数字化的吗？那为什么软件行业自身还需要数字化转型呢？

原因是在更早之前，我们在处理软件相关问题时并没有从数据驱动的角度出发。以系统质量为例，我们要如何判定一个系统运行的好坏呢？

在"云"（cloud）的应用之前，使用最广泛的是桌面系统（desktop system），例如大家在笔记本电脑或台式机里装得最多的是 Windows 系统。安装和使用流程常常是先购买一张存有软件系统的光盘，然后读取光盘，安装软件并使用。

但在安装之后呢？如果用户不会使用这些软件，找不到菜单在哪儿，

张冬梅（左二）与微软亚洲研究院软件分析组

或遇到种种类似的问题时，找不到反馈给开发者们的途径，这时本该具备的路径就是断开的。在网络或云计算普及之前，用户购买软件之后，开发者们是很难获知用户反馈的，更别说提供更多的服务了。这就是未从数据驱动的角度处理问题的案例。

当网络和云计算普及起来后，我们更加需要从数据驱动的角度去处理问题。当然，这也跟过去 15 年里计算范式的转变有很大的关系。随着计算范式发生巨大变化，软件研究也应当有新的方式。我们并不是要用新的方式取代以往的所有，而是要引入新的方式去研究系统的问题、用户体验的问题、开发效率的问题。

在开发过程中也存在类似的问题，开发人员做决定的时候通常凭经验和直觉。随着我们能够实现数据驱动，我们在做判断时就能够有依据了。

综合以上的种种情况，我在当时提出了一种新的研究方向——软件分析，这个新的方向与以往不同，它是一个交叉领域研究，其中涉及系统、软件工程、机器学习、数据挖掘，以及信息可视化等。

选择软件分析这个新的研究方向是有几个方面考虑的。

首先，它符合我对自己和我们团队的生存以及发展提出的几个原则。第一，我希望能够用到以往工作中的积累，而不要去做完全陌生的事情，这是很重要的。如果做全新的项目，团队成员没有基础，要从头学起，那么风险就很大，也许员工在没学会之前就离开了。第二，我希望我们做的事情不要和其他团队有重叠，差异性和独特性对长期发展还是很重要的。第三，我们选择的方向要有未来的发展空间，发展空间不能是受限的。

其次，研究领域就像一个"江湖"，作为研究员，行走江湖经常需要"自报门派"，是计算机视觉、自然语言处理还是系统，等等。这也是我们必须清晰地界定自己团队研究领域的原因。另外，无论我们是否另辟新径，都需要至少有一个能与整个研究社群联结的基础。于是，我们开始以软件工程为基础，也围绕这个"基地"来进行论文的发表。直到今天，我们团队在相关领域如系统、机器学习、人工智能、数据可视化等都有高质量的学术论文发表。

再次，我们选择交叉学科做研究还有其他的好处。比如，团队中的同事们是来自不同专业背景的，由于大家受到的训练是不一样的，在一起就会产生很多有益的碰撞。尤其是当我们的目标不仅是产出一篇文章，而是希望做出更加全面的成果时，也就是我们平常所说的要做到"端对端"（End to End）时，就更加需要不同技能、不同想法的同事提出对方从未想到的点子，以促进大家的合作。这时，我们会更加受益于交叉学科研究。

最后，我还想谈一谈我们研究的方向之所以能数年如一日地坚持下来，还有一个重要的原因，就是我们作为研究人员不但能持续从中获得成就，而且这样的研究也能帮助到公司。

我们最初之所以从数据驱动的角度做研究，也正是基于这样的考量。我们研究的第一步一定是取得数据。数据从哪里来？假设我想做医疗服务的数据研究，那么我可能需要找保险公司或者医院才能获得所需的数据；如果我想做城市计算研究，那么我可能就需要找交管部门，这些都是有一定困难的。

微软是全世界最大的软件公司之一，它有最全的软件产品线，有非常丰富和齐全的运行数据、用户反馈，当然我们都是在合规的前提下取得这些数据的。微软有庞大的软件开发团队，开发工作中会产生大量的与开发过程相关的数据。

我们能一直坚持下来的第二个原因也与我们是软件公司相关。我们在软件方面做出的研究成果有很大的可能性被应用于微软的产品，可以帮助到公司的具体项目。假如我选择了材料领域的研究，但公司没有这方面的产品，那研究就自然不容易持续了。

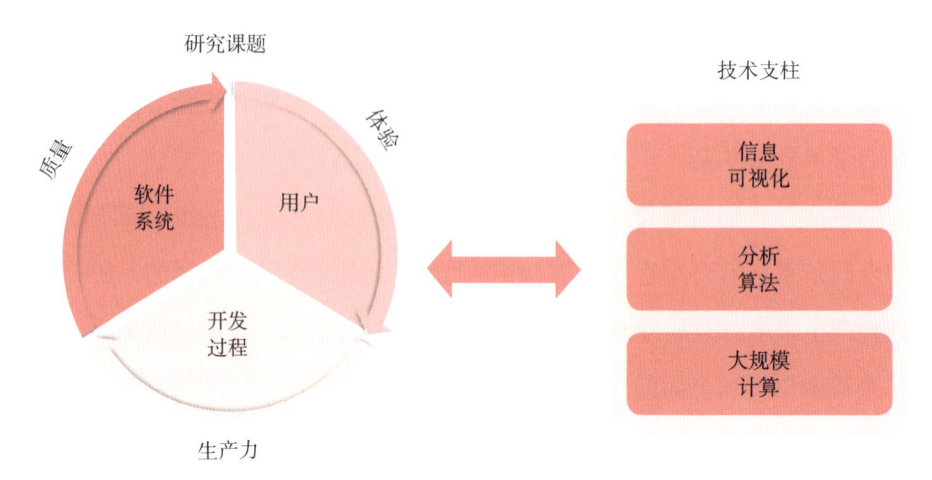

软件分析组的研究课题和支柱型技术

这里，我还想特别提一件事，在2022年的5月召开的软件工程和数据科学交叉子领域的国际学术会议——软件仓库挖掘会议（Mining Software Repositories Conference，简称为MSR），给我和我的长期合作伙伴北京大学计算机学院讲席教授谢涛老师颁发了"奠基性贡献奖"（Foundational Contribution Award）。获得这个奖项，我是非常高兴的，因为这肯定了我和谢涛老师以及我的团队长期的工作，特别是在软件分析学这个领域做出的一些成果，这也说明我们的研究不仅体现在技术的发展上，还对产业界有一些影响。从这一点上来看，我真心觉得我和团队在一个新的研究领域所做的探索和实践获得了专业的认可，这让我非常高兴。尽管刚开始的时候不一定所有的人都能听得懂，但经过我们的持续努力，工作成果经过实践检验，最终被大家看见和认可了。我现在回想起来，一开始的时候，很多人都不清楚什么是软件分析学，我一次次地在不同的场合给大家介绍这个新的理念，让大家了解并且搞明白这是怎么回事。当然，这个过程是要花费大量时间的。

在这里我还想要提到长期主义。站在当下回顾以前的经历，我觉得所有的学习和工作都不是浪费时间，即使其间有很长一段时间没有看到它们的具体作用，但它们一定会在你人生中的某个时刻帮助到你。很多人问我对自己的职业规划，是不是从开始就计划好要怎么一步步地实现自己的目标，实际上我一直不是一个特别有计划的人，基本上是随着实际的学习和经历的项目，将问题逐一解决，自己也慢慢地成长起来。因此，我非常同意微软亚洲研究院院长周礼栋博士的一句话"用长期主义，回归科学研究的本质"，我自己的经历就是一个长期主义的例子。

最后，我还想提一个小的观点，最近我听到许多人在讨论"卷"这个字。在行业中，有一对概念也常被人提及，那就是"红海"和"蓝海"，特别是互联网行业。其实，科研界一直特别"卷"。沈向洋博士曾说过，他认为有两类研究有极高的高度：一种是大家公认的、"突破性"的研究，解决了长期存在的、极富挑战性的问题；另一种是能够发现新的问题、开辟新的领域的研究。我觉得第二种研究实际上就是在开辟"蓝海"。我总是希望研究人员能够看到重要的问题，开辟新的研究领域。不过，我并不是说在他人提出的问题的基础上做修改和优化是无意义或者低价值的事情。因为很多研究是需要积累的，所以对已有的内容做改进和提升是没有任何问题的，我只是希望更多的研究者能同时具备两种意识，尤其要有开辟新领域的意识和思维。

培养独立的人格和独立思考的能力

如果说到成长或者教育这样大的话题，很多人会问我，有些中国的学生到国外留学，往往要面对一个棘手的问题——他们从小受到的教育是听老师说，然后遵循老师的指导，等到需要自己定义研究方向时，就很容易陷入迷茫，不知道如何去做，或者不知道如何去做得更好，比较缺乏独立

在 2019 年软件测试与分析国际研讨会（The ACM SIGSOFT International Symposium on Software Testing and Analysis，简称 ISSTA）上，张冬梅作为大会主席发言

和创新意识。从一个比较传统的角度来看，有些人还会认为女性更容易陷入这样的状况中。

当我在面对这个问题的时候，往往会弱化与性别或者职业相关的问题。不论男性还是女性，无论一个人未来是否要从事研究领域，我都鼓励他们，在成长中的任何时间段，都要注意培养自我意识。

一个人每天会学很多东西，比如大家都在使用各种手机应用，每天被手机占用了很长的时间，接收很多信息，在海量的信息中，你对一件事的观点是什么？我觉得无论你是否做研究工作，都需要学会问自己这个问题。我对他人的观点或态度是什么？赞成吗？这都需要你进行自己独立的思考。又比如你读博士，做科研，就需要自己确定选题，说服你的导师同意，而不是由你的导师替你指定。特别是周围的人都已经开始了他们自己的研究，你就更需要提出自己对研究方向的想法。你可以选一个别人研究过的领域，这当然没问题，但你一定要对自己的选择有思考，并告诉导师你为什么最终选择了它。是因为以往的研究者并没有很好地完成，还是自己看到这个领域更多的可能性，或者是对同样的问题有不同的解法，你的新解法能推动整个学术界的进步。这些都是经过你自己的思考得出的理由。在我看来，独立的思考和独立的人格是创造力的来源。

在全球环境下，勇于表达，让自己被听见

我现在还一直在学习，无论是从周围的同事身上，还是从生活中的方方面面。但是，当我们培养和发展出自己独立思考的能力后，还要勇于表达，这点特别重要。我们亚裔群体，相对来讲比较保守，大部分时候特别谦虚，常常是被提问、被点到名邀请讲话，我们才愿意开口。然而这点在西方文化中体现得不太一样，大家往往就围坐在桌边，然后自然而然地

开始讨论。有问题、有想法、有意见，都在讨论中提出，如果你什么也不说，那大家就默认你没有问题，大家都觉得你同意了。当然，每个人都有自己的个性，但在兼顾包容性和多样性的前提下，我还是鼓励大家有自己的想法，并且能够表达出来。

这样的表达可以是从你周围的环境开始，然后逐步向外延展，如果想在全球化的环境下表达自己，那么就需要自己主动、不断地拓展，并建立起连接的网络。举个例子，我们组做的是软件分析，刚开始做这项研究的时候，我们需要数据，也需要收集不同团队的用户反馈，需要了解我们与其他团队有什么样的合作机会，这些都能够启发我们的研究。如果我们只坐在北京的办公室里，是无法获悉的，不能等着别人来告诉我们，或许他们都还不知道我们的团队是干什么的，甚至不知道有我们的存在。当时，我就充分利用了到总部出差的机会，无论是通过同事介绍，还是自己来做冷接触（cold contact）——发电子邮件给对方，从介绍自己开始，询问对方能不能有半小时的时间聊一聊。我们出差的时间一般在两周左右，我会尽可能安排上自己所有可用的时间，尽可能认识更多的人，做更多的沟通。

在见面沟通之前，也需要做很多准备。比如，我需要思考怎么样能在 3 分钟之内向对方介绍我和我们的研究，能把自己想要传递的信息尽可能多地传达给对方。不过，最开始的时候肯定是磕磕绊绊的，但你要是讲了很多遍之后，一定会有所提高。当然，在主动拓展联系的时候，难免会遇到很多失落和沮丧。例如，你发出的邮件、拨出的电话可能是没有回应的，但千万不要因为这些影响了心情。毕竟你也没有损失太多，无非是花费了一些发邮件、打电话的时间罢了，所有的付出都会有收获的。

我永远会记得 2009 年的感恩节，我第一次独自到总部出差，我见了很多人，向他们介绍了我们团队的研究，非常希望和别的团队建立合作关系，但收到的回复基本是"It's very interesting. I'll talk to you later."（看上去很有意思，回头再聊）。其实这些回复代表着什么，相信大家一定清楚。所以，在我这趟差旅即将结束的前两天，我独自走在西雅图夜晚的街道上的时候，心里非常失落。那时天已经黑了，灯光五彩斑斓，街上还传来快乐的音乐，因为感恩节后就是圣诞假日，这一个多月大家都会沉浸在假日的欢乐氛围中。然而，我因为低落的心情，体会到的却是下着小雨的潮湿和寂寥的秋冬气氛，心里想没有任何的收获，不知道该怎么给团队的同事们交代。我一直记得这次"不开心"的经历，当然，现在看来这些都不算什么。

这都是成长过程中的一些"插曲"。当我们手中的研究和项目有了更多进展之后，我们又接触了不同的产品部门。这里不得不提到微软的一个优势——大，这里汇聚了大量优秀的产品团队和杰出的人才。在不断地接触与沟通中，我们终于找到了对我们有兴趣并且愿意尝试我们技术的合作团队，由此展开了我们在微软内部团队间的第一次紧密合作。

我们当时在做代码克隆检测（code clone detection）技术的研究。这个研究对不同产品团队的作用和吸引力是不同的，对一些团队来说是锦上添花一般的存在；而对于另一些团队来说却是很关键的，比如安全团队。

代码克隆检测首先会在源代码（source code）中找到相似的代码，这样的相似性是由于开发者们普遍的复制和粘贴操作引起的。然而这样的操作可能产生质量问题。比如，源程序中的漏洞被修复后，没有人同步修改被复制和粘贴到其他程序中的代码片段，这样就导致了同一个漏洞持续存在于其他不同的程序中。

从这次的合作尝试中，我们看到不同的产品团队对同一个技术的关注程度不同，这也应当成为我们在寻找合作伙伴时一个重要的考量，我们自己可以调整对非刚需团队反馈的期待，或者把这些团队作为非近期的合作方来对待，有助于我们在寻找合作团队时放平心态。

修炼一颗强大的心和关于领导力的职场三大原则

我常常被问起，从小是不是经历过比较害羞、胆怯的阶段，后来是否通过一些方法，训练自己的内心变得强大。对于这个问题，我得实话实说，我从小就是班长，在表达和沟通这些方面，一直没有遇到太多的困难，我从小就有一颗比较"强大的心"。

这除了和我自己的性格有关，还有一个绕不过去的点，就是大家常常讨论的"自我"或者"自尊"。我认为在工作中，需要定位"恰当的"自我或自尊。不要老等着对方先来沟通，或者认为别人没有回复就不再尝试了。如果因为对自我和自尊不恰当的追求，而丢失一些宝贵的机会，是很可惜的。另一方面，我觉得人一定要乐观，就算遇到一些挫折，有难受的时刻，也还是要自己去解决问题，让生活和工作继续下去。当然，遇到问题的时候，我们可以和朋友、家人聊一聊，缓解负面的情绪。

通过一件件的事情，你的心就变得越来越强大了。想要做一个长期主义者，希望与更多的人合作，完成更重要的事情，一定要心胸宽广和乐观，因为你要包容下更多的事情，包容更多的人。

在如何帮助员工在职场上强大起来，我觉得微软做得很好。例如，微软给管理者们梳理了三条可以学习或者使用的原则：清晰定义目标（Create clarity）、提升"战斗力"（Generate energy）、传递积极的成果（Deliver results）。首先，要清楚地表达自己或团队的目标，把问题说清楚，避免无效的努力；其次，在团队成员有情绪的时候，及时发现和安抚，带给团队一些积极、乐观的情绪，这样能够改善团队的氛围，提升生产力；最后，需要合理分配每个人的任务，也要传递团队的进展，让同伴们得到鼓舞，最终让目标真正实现。

有一个说法是"科研是一条漫长而孤独的道路"，但我想，在非常具体的研究之外，有了团队的合作，可以让每个成员在"碰壁"的时候，不觉得孤立无援。一项工作，不必追求"从头到尾"完全由一个人完成，你也可以在别人成果的基础上，继续丰富和完善；同样，你也需要考虑自己是否能为别人的成功做出贡献，这也能够帮助一个团队达成目标，同时让团队的每一个人在漫长的道路上感觉"不孤独"。

我想，不管在科研界还是在职场上，我们都需要探索未知，我们都能够通过不断的学习和借助团队的力量走得更好。

受益于每一份职业经验，收获对研究的理解和热爱

在我读博期间，有过一些实习经历，这让我对研究领域相关的产业产生了更强烈的好奇心，我迫切地想了解我所学习的东西、所做的事情在实际生活中会有什么样的用处。因此，在毕业之后，我选择了一家小公司。在这家公司中的经历让我很难忘，我们做了一个产品，以不错的价格卖给一个 B 端的客户。随着产品的销售，我们派了一名同事飞往客户公司的所在地，帮助安装和调试，并处理一些咨询方面的问题。但这位同事到对方公司不久，我们收到了他暂时不能回来的消息，因为我们的产品出现了漏洞，这名同事需在当地处理完漏洞和相关问题后，才能返回。通过这次事件，我才深深地体会到原来开发人员写的每一行代码、设计出的每一个程序，会产生非常实际的问题。你的工作会产生影响，不管是正面还是负面的影响。而通过这样的经历，我也会思考，在以后的工作里应该怎样去做，才能避免这样的事情再发生。

另一段很难忘的经验是关于微软一款叫作"相片故事"的产品。现在

张冬梅在微软亚洲研究院的 Ada Workshop 活动上讲话

说起来，大家都很熟悉这个产品或者功能，我们几乎可以在任何一款手机上轻易地找到对应的 App 或者功能——用户选择一些自己喜欢的照片，系统就会自动生成一段影片。不过我是在 2001—2002 年这个时间段，也就是刚刚来到微软的时候，加入这个产品的开发团队的，当时我们还是在 PC 上做开发。我们在完成这个产品后，市场部向用户们发起一个非常有意义的活动。活动鼓励所有的用户们，使用"相片故事"这个产品制作属于自己的影片，然后可以上传参加评选，最终选出了 10 部最好的作品，并给获奖用户发奖品。市场部也把这些获奖作品同步给了作为开发者的我们。其中有一个作品让我至今难忘。这位用户记录了自己的父亲去世后的一年时间里，家中发生的故事，而这件作品，就像是在向父亲诉说这些故事，让他也能了解家庭成员的成长和改变。这个作品非常感人，对我的影响特别大。我真正体会到自己的产品对真实的人产生了真实的影响，虽然我完全不认识这位用户，但他用我参与设计的产品与自己的亲人沟通，表达自己的怀念。

我对自己的工作持续地保有热情，这得益于作为开发者的工作经验，它让我感受到自己的工作对于真实世界中的人的真实影响，这是非常鼓舞我的。我也非常感谢微软亚洲研究院，它提供了一个平台，不仅仅可以做科研、写论文，还鼓励我们对产品做贡献，反馈我们产品的影响，形成了一个很好的循环。我们收到的反馈，又为我们继续做科研提供了极大的动力。

从量变到质变

我一直很欣赏在微软大家都认同的两句话，分别是 Do things right（正确地做事）和 Do the right thing（做正确的事）。这两句话可以对应不同的职场状态。当你作为一个职场新人的时候，往往要做到"正确地做事"。

"正确"的标准是什么，需要你独立地观察、思考和判断，然后实践，当然，这需要长期地实践。当你慢慢成长，积累了一定的工作经验，成为一名"资深员工"的时候，就需要独立地思考和判断什么是"正确的事"，并如何完成它，还需要培养自己的预见性，因为这时的你，可能需要思考新的研究方向，不仅关乎你自己，还关系到你的团队。

在开始任何一个新的研究方向的时候，我们都会经历迷茫的时期，这个时候就需要你有预见性和预判力，这样才能比别人更早地看到什么是"正确的事"，定义什么是"新的正确的事"。

2014年，在我们和微软Azure团队紧密合作前，有不到1年的时间，需要我们团队自己探索新的方向。我们组的成员做了很多的讨论，进行了很多场"头脑风暴"，最终做出一个"大胆的决定"——先暂缓成员们手中其他的项目，集合全组所有人的力量，一起做一个在内部被称为IN4的项目（该项目之后转化至微软Power BI产品中）。我们做出这个决定的过程，也是在确认什么才是我们下一个"正确的事"。

IN4代表着Interactive（互动）、Intuitive（直观）、Instant（瞬时）和Insights（洞察），我们期望打造出一种可交互式、直观、快捷的分析数据获取洞察的方式，为用户提供全新的数据分析体验。我们之所以选择共同推进IN4这个项目，是因为我们发现了非常实际的问题——随着进入大数据时代，整个市场对数据分析的需求非常强烈，比如在商业智能领域，市场上虽然已经存在了多种多样的BI工具，但用户与工具的交互性还是比较传统、比较弱的，还停留在用户输入指令，工具根据这一个指令调取相应的信息，然后根据具体指令制作图表或者计算结果。但实际上，整个系统是具备强大的存储能力和算力的，这些工具完全有能力主动地、智能地分析用户以往数据，并向用户展示和推荐。

经过团队的讨论和评估，我们所有的成员都认可IN4项目的目标是有强烈需求的，且整个项目是一个非常好的机会。于是，依然是我们 12 个人的团队分工、协作，一步步地完成了这个项目。

在完成项目的整个过程中，我们也不断遇到需要自己定义"正确的事"的时刻。比如 IN4 中，有一个很重要的组成部分就是需要提供"洞察"，我们为用户提供什么样的"洞察"，也都由整个团队来分析和定义。

最终，我们在微软总部举办的技术节（TechFest）上，展示了 IN4，并获得了 Power BI 产品团队强烈的兴趣和合作意愿，自此开启了两个团队友好、密切的合作。

这里我还是要感谢微软亚洲研究院，在我们完成这个项目的前后，所有的人都很信任我们，没有人质疑我们为什么停止了其他的项目，或者在立项和推进的细节上反复纠结，因为大家都能理解这个项目的意义。给我们提供了一个很宽松、自由、富有鼓励性的环境。

张冬梅团队 2016 年研发的"信息图设计"（Infographic Designer）

终生学习是规律，真诚和热爱提供源源不断的动力

现在的年轻人们常常讨论"卷"和"压力"有关的话题，比如在工作中常面临周期紧张、需要不断提升效率的问题，我觉得可以从另一个角度去思考。在计算机行业中，无论你是从事科研还是技术方面的工作，由于科技本身的规律就是不断更新、迭代、进步，而且速度是比较快的，所以就需要从事这个领域工作的人们持续地学习，才能跟上这些变化和进步。可能有一些别的行业，相关知识的变化比较慢，一旦对这些知识有了比较好的掌握，凭借不断累积的经验，就能够走很久、很远。所以我想，"卷或不卷"跟行业的选择有一定关联，如果你选择了一个需要终身学习的领域，那么也需要做好心理准备，不断学习，不断进步。

最好还是选择一个自己有兴趣并且热爱的工作。人对一件事情有了兴趣和热爱，很多问题都好解决了，不管是遇到一些困难还是挫折，都会比较主动地想办法解决。例如我们做科研，就很需要科研人员有"好奇心"，这样在面对科研中的未知时，他才能战胜很多探索未知所带来的"痛苦"——毕竟在科研工作中，很多时候我们是不清楚是否能做出结果的。如果一个人能够从工作本身获得乐趣，那么他就有足够的动力持续下去。

当然，兴趣和热爱是很难伪装出来的。比如除了科研和技术方面的岗位，微软也有很多管理系列的岗位。这样的岗位就需要你对人真诚，对与不同的人一起工作、一起沟通有足够的热情。只有真诚才能让对方感受到，从而给出相应的回馈。

用数据智能挖掘更多价值

在如今的互联网环境下，随着云计算、物联网、大数据、人工智能等技术的发展，人们通过各种智能平台采集处理的数据呈爆炸性增长，数据的种类大大丰富。数据作为新型生产要素已成为社会发展的全新驱动力，于是，全方位挖掘数据价值，把数据转化为生产力变得极为重要。

如果将数据形象地比喻成一种新"石油"，数据智能就是"炼油厂"。数据智能是一个跨学科的研究领域，结合大规模数据处理、数据挖掘、机器学习、人机交互、可视化等多种技术，通过分析数据获得价值，将原始数据加工为信息和知识，进而转化为决策或行动。众多互联网的新型业务，包括搜索引擎、电子商务以及社交媒体应用等，都建立和运作在数据智能的基础上。同时，数据智能技术正在重塑传统的商业分析或商业智能领域。

数据分析的核心目标之一是为人类行动提供指导意见，未来数据智能应该在预测后给予更多指导性分析，例如在商业场景中，当机器预测下季度某商品销量会下降后，还需要指明如果想保持销量与本季度持平，应该采取怎样的行动，并主动用可视化的方式呈现给用户。

除了互联网和商业场景，在决策治理、金融、医疗等多个领域中，数据智能也能辅助行业发展，为人机协作搭建更智能、更多样的未来。

奋力冲刺，在起跳板前猛然一跃……她曾在田径赛场一次次留下矫健的身影

我很喜欢体育锻炼，从小学三年级开始，每逢学校田径运动会，我一定会参加 100 米短跑、接力跑这些项目，一路跑到大学。所有的竞技运动里，敏捷与速度并重的跳远最让我着迷，我很享受全力加速冲刺到最快速度，在起跳板处猛然跃起的感觉。而且小时候好胜心比较强，我记得小学三年级的时候开始练跳远，要求自己每次都要达到更好的成绩，总觉得我还能跳得更远。进入清华大学后，学校的体育比赛我也次次都参加，取得过百米赛跑第二名、跳远第一名的成绩。田径场上的历练对我影响深远，运动能带来一种追求卓越的意识，让你总想跑得更快、跳得更远，这种做到最好的追求深深影响了我。

现在我在体育锻炼上比以前要差一点，尽量选择不那么激烈的项目，比如就出去多走一走，有时候选择快速竞走或变速走，增加有氧训练。以前的锻炼给我的身体打下了良好的底子，我也总是鼓励年轻的同事多去锻炼身体，他们现在是我的榜样。

她将工作中积极独立的思维用在家庭里，与丈夫共同创造两人的幸福

我非常认同幸福的家庭对一个人的事业和发展都有正面的影响，生活不应该只有工作这一面。我跟我先生是清华同一级的同学，数十年来，两个人既是伴侣也是队友，是对方身边最坚实的依靠。我们都很享受对方的陪伴，会想着在一起怎么能让彼此都很开心。

首先，两个人之间的交流很重要，交流包括两个方面，一方面是如果

张冬梅于清华留影 　　　　　　　　张冬梅于冰岛留影

张冬梅于南极留影

某一方有不满意的地方，要让对方知道，千万不要积攒在心里。另一方面是当对方做得好的时候，一定要给予表扬。我认为家长对孩子的表扬和赞美也很重要。可能我们东方人大多比较含蓄内敛，在一起时间长了之后，表扬的话说不出口，但我觉得夫妻之间既应该沟通问题，也要多表扬对方，两个人的关系才会更融洽。

大家的工作都很忙，相互陪伴的时间比较少。因此，创造一些高质量、让两个人都能沉浸其中的时刻，就变得尤其重要。比如我们在家吃饭时，如果有机会一起做饭，我一定会想办法让我先生参与进来，我觉得他也非常体贴，他几乎不会让我一个人在厨房里。大家都有享受两人共处时光的思维，做饭时我们擅长的技能又不一样，我先生的刀功比我强太多了，他就负责切菜。大家在一起做饭的过程中还可以交流，比如聊聊今天看到什么有意思的事情。这就从一个积极的角度，把做饭变成了一件很快乐、很享受的事情。

女性需要用这种积极的思维来创造更高质量的生活，提出你的想法，而不是把自己放在被动的角色上，听从对方的指挥。这种思维来自自幼培养起来的独立人格，因为我的自我意识很强，所以不会在生活中把自己放在被动的地位。至少在我的婚姻生活里面，我非常愿意倡导这种积极的理念，然后分享给我先生，他也很赞同，会和我一起去践行，让双方都获得很好的体验。

两人携手走过数十年，生活中点点滴滴的细节，都藏着她与丈夫的温情

我觉得我很幸运，能够找到和我走过这么长时间的一个人，两个人能分享很多理念，共同把生活过得有滋有味。我俩现在出门，都是手拉手

的。有的人可能会觉得有点奇怪，都这把年纪了，还要手拉手，但我们真的是这样过了数十年，形成了习惯。

还有一个细节，从学生时代我们在美国买了车开始，到现在这么多年，我先生都会帮我开车门，这也成了他的一个习惯。确实是这些细节让我们的生活更甜蜜。

对抗网络偏见的女性

回忆起在微软遇到的优秀女性，张冬梅第一个想到的是珍妮弗·查耶斯（Jennifer Chayes）[1]。微软内部实行导师制，查耶斯作为张冬梅在微软的第一位导师，在专业技能和为人处世上都给了她很多指导。这位优秀的引导者，也是计算机领域的一个传奇。

现任加州大学伯克利分校计算、数据科学和社会系副教务长兼信息学院院长的珍妮弗·查耶斯在微软和学术界任职期间，一直致力于利用数据科学和计算，减少人工智能的偏见，创设更加公平的环境。她于1987年加入加州大学洛杉矶分校，成为数学系终身教授。10年后，微软邀请她共同创立了跨学科的理论研究小组。

起初，身处学术界的查耶斯接到时任微软全球资深副总裁凌大任（Dan Ling）试图说服她去面试的电话时，内心异常震惊。二人谈了大约40分钟，最后她问："你真的想知道我在烦恼什么吗？微软里面都是一群青春期男孩，我不想和一群青春期男孩共事。"凌

---

[1] 珍妮弗·查耶斯的故事摘自 *MIT Technology Review* Volume 124 Number 6 Nov/Dec 2021。

大任极力否认并邀请她前去参观,当查耶斯来到微软,她见到了一些了不起的女性,同时她很清楚,面前是一群心胸开阔,又想要改变世界的人。

查耶斯接受媒体采访时曾说过,她最开始来到微软时什么都不知道,不懂计算机科学,甚至不知道很多术语的缩写。当她入职两个月后,第一次见比尔·盖茨时,她还不知道如何使用幻灯片来做演讲,所以她只能把手稿投影出来,这是比尔·盖茨的会议室里第一次有人用投影仪。查耶斯开玩笑地说:"比尔,我想祝贺你雇用了一个一百年都不会有回报的团队。"比尔·盖茨说:"不,没关系!这还不足以让我担心。"

她在微软研究院工作的 23 年来,创立并领导了三个跨学科实验室。正是在其中一个实验室里,研究人员发现了公司面部识别软件中的偏见。相比棕色人种和黑色人种的面孔,系统对白色人种面孔的分类更准确。这一发现促使公司拒绝与警察局签订一份利润丰厚的合同,并开始努力消除此类算法中的偏见。FATE 小组自此从实验室中诞生,它代表着人工智能中的公平性(Fairness)、可说明性(Accountability)、透明性(Transparency)和伦理(Ethics)。

在接受《麻省理工科技评论》的采访时,查耶斯针对数据科学如何改变计算和其他领域等问题说:"随着我们获得的数据越来越多,计算机科学已经开始向外看。我认为数据科学作为计算机科学、统计学和伦理学的结合,无论生物医学和健康、气候和可持续性,还是人类福利和社会正义等领域都与之相关。"

如今我们有机会从数据中学习,尤其是随着机器学习和深度学习的发展,数据使我们在没有基本理论支撑的情况下,仍能得出结论并做出预测。许多情况下，我们可以依靠数据运行经济学家所说的反事实（counterfactual），在不做实验的情况下得出结论。比如，我能知道要不要在不同人群中尝试不同的教育，或者某一点上的随机变化是否能得出更完善的推论，并以此为基础来制定政策。

大型公司使用数据时也出现了很多问题，不仅科技公司在使用数据，保险公司、政府平台、公共卫生平台和教育平台都在使用它。如果你不理解在数据库本身和算法中会存在什么偏见，那么就会加剧这种偏见。数据不足会让偏见更加明显，有时，偏见还会对不直接相关的数据有影响。我们不允许在简历上标注性别或种族，即使我不看这些，其他数据中也有很多东西代表了性别或种族。比如你上过某些学校，在某些地区长大，做过某些运动，参加过某些活动，这些数据都与性别或种族相关。在编写算法时，我们必须努力避免这些情况。

这就是整个FATE要关注的领域：人工智能的公平性、可说明性、透明性和伦理。数据科学提供了很多帮助。网络中有一部分空间被称为"男性圈"（manosphere），很多仇恨都是从这里产生的，但人们很难追踪溯源。如果你使用自然语言处理和其他工具，就可以看到它是从哪里来的，并能有效根除仇恨言论。这不仅仅是为了公平，还在平台变成滋生偏见和仇恨的温床前，扭转了局面，并且告诉大家："我们将利用计算和数据科学的力量来识别、化解仇恨。"

珍妮弗·查耶斯接受《麻省理工科技评论》采访时留影
图片来源：*MIT Technology Review* Volume 124 Number 6 Nov/Dec 2021

> **计算机普及要从娃娃抓起，她希望所有女生能够在小时候就接触这个领域**

邓小平同志说过一句话："计算机的普及要从娃娃抓起。"我觉得很有道理。在我看来，计算机这个领域具有很强的趣味性，我希望所有女生在小时候都能够接触计算机科学或者理工学科，对科研有一定的认识，然后再去考虑是否喜欢它，是否对研究有热情。如果从小切断了女生接触计算机学科的可能性，没有给她们提供了解科研行业的机会，就不能说她们的选择是一个独立自主的选择。

教育是一个长期的工作，我相信不管是学术界还是产业界，近十年来肯定有非常大的改变，不过我们还能做得更好。我很欣喜地看到微软在做这件事，其他的一些科技公司、媒体机构也在做这件事。如今，中国高校计算机科学专业的女生入学比例仍然有限，这更需要我们把科研领域的女性故事传播出去，把科技类教育抓起来。我希望在未来能够看到更多的女生从事技术方面的工作。

计算机领域的"原动力"

19世纪，世界上第一个计算机程序诞生于阿达·洛芙莱斯（Ada Lovelace）笔下，这位建立了机器算法的"数学女王"，以颇具前瞻性的思维大胆地预见到机器在未来科学研究及艺术创造上的应用。如今，仍有一群热爱信息科技的女性，相信计算机技术具有改变世界的积极力量，她们身上来自热爱与信念的"原动力"，由内而外，推动着计算机领域不断发展。

不过，很多时候青年女性想要在科技行业走得更快、更远，除了需要自身的梦想与热爱，还需要外界的启发与帮助。为此，微软亚洲研究院于2016年举办了第一届"Ada Workshop"，邀请资深女性研究者、程序员讲述自己的故事，为憧憬计算机行业的学生提供榜样力量，鼓励学生倾听内心的声音，追逐梦想。此后每一年，"Ada Workshop"走进校园、走进学术峰会、走向国际，不仅帮助很多学生看到了未来的方向，也发掘到不少优秀的女性科技工作者。

现任AutoX研发工程师的代亚暄是第一届Ada Workshop的参与者，当时正值大三的她处在最忙碌紧张的阶段，既要准备语言考试，还要研究算法工具包。活动现场的同侪为她忙碌的生活注入了一股力量，那么多生活中难以遇到的志同道合的同性朋友，像突然砸向她的一笔巨大财富，让她感到兴奋。这些处在相同阶段的女性，面对差不多的选择，看到彼此有一样的问题，就会感觉问题的难度都变小了。

更加让人兴奋的是演讲者。代亚暄以前想象自己将会成为什么样的人时，会在脑子里勾勒出几个特质：好奇心强、逻辑清晰，无论编写代码还是语言沟通都准确精练、简洁有效。但这些词好像都不足以形容出完整的形象。而正是台上的演讲者们，帮她丰满了这个形象。

代亚暄现在还可以非常清晰地回忆起演讲者们在说某句话时的神态和语气。她记得刘偲老师说："我在飞机上看了电影，我已经好久没看过电影啦，觉得还挺开心的。"她记得宋睿华研究员谈起带小冰去开会的感受，打趣说大家的对话机器人都很有用，只有小冰是"有趣的"；她还记得邱慧讲自己到微软亚洲研究院实习的经历，早上背单词，工作加班到晚上……虽然她记下来的只是前人一些琐碎的生活片段，但这足以让她在脑海中勾勒出真实的科技行业的女性形象。

对代亚暄来说，前人的选择和经验分享固然重要，但当时更重要的是意识到"她们"的存在，意识到在台上闪闪发光的优秀女性，就是身边的女孩，和自己并没有什么不同。她们的分享让代亚暄对未知的旅程充满期待和信心，不再假想并不存在的暗礁，而是看到更多身边的同伴。"她们"好像成了一个锚点：热爱工作，也热爱生活，积极又充满好奇，温柔又坚韧不拔，只要不自我怀疑，夸大问题，畏难放弃，就不会有无法被征服的困难。

如今，代亚暄看到和她当年一样的女生，也会用同样的话予以鼓励："看着台上的她们，抑或台下的她们，你都有机会找到答案，找到那个想要成为的自己。"

她想对你说：

在当下的计算机领域里，越来越多的优秀女性榜样恰逢其时地出现了，并以"她力量"点亮了女性在计算机领域的新可能。我认为"她力量"有三层含义：其一，"她力量"来源于计算机发展史中做出了重要贡献的女性，她们给予了后来者感召的力量、榜样的力量；其二，"她力量"同样源于当下致力于技术进步、在计算机行业默默耕耘的万千女性，她们就在我们身边，并将力量源源不断地传递给我们；其三，最重要的"她力量"来源于每一位年轻女性，她们的潜力与能力，将为整个计算机行业带来无限的希望与力量。每一个人都是一颗火种，让我们点亮你，也照亮更多女性的未来。

2017年，微软亚洲研究院联合计算机系统顶级会议 SOSP（操作系统原理大会）共同举办了多元化论坛 Ada WorkShop

2018年第二届 Ada Workshop 举办现场

第二章

鲍哲南：平和坚定地走下去

鲍哲南于斯坦福大学留影

美国工程院院士、中国科学院外籍院士、斯坦福大学首位担任院长的华人女性、世界杰出女科学家、2015年《自然》杂志年度十大人物、影响世界的华人，这些头衔都指向了同一个人——鲍哲南。

1970年鲍哲南出生于南京，她的父亲鲍希茂、母亲陈慧兰都是南京大学的教授，父母的熏陶和教育让她从小热爱学习，善于观察身边的事物。和很多生长在南京的小孩子一样，小时候的鲍哲南喜欢到沙坑里寻找漂亮的雨花石，父母对她的爱好总是加以鼓励，引导她思考，帮助她形成科学的思维方式。多年之后，鲍哲南回忆她对子女的教育方式，认为自己也承袭了父母对她的教育理念。

1987年，从南京市第十中学（现南京市金陵中学）毕业的鲍哲南考取了南京大学化学系。对化学实验全情投入和刻苦钻研的精神，为她日后的科研道路奠定了基础。大二暑假，她来到薛奇教授的实验室，第一次进行正式的科研项目，接触到高分子材料，并发表了第一篇论文。时至今日，高分子材料带给她的惊喜与兴奋，仍让她激动不已。

大三时，母亲带着她和姐姐移居美国。姐妹两个最初在美国的生活并不轻松，母亲给她们留下一个月的房租便返回南京大学，两人需要打工维持生计。她们白天在工厂当检验员，也会在超市兼职做收银员，晚上学习、申请学校，最终，鲍哲南凭借本科时期优异的成绩，被录取为芝加哥大学的公费研究生。

那时，高分子化学的研究刚刚起步，鲍哲南的导师俞陆平教授在芝加哥大学创立了那里的第一个高分子实验室，鲍哲南跟随导师做了很多前沿研究。1995年，获得博士学位的鲍哲南来到贝尔实验室，在八年的时间内搭建起柔性电子基础研究框架，成为柔性电子领域泰斗级的人物。

柔性电子是一种让电子器件具有延展性、可以弯折的新兴技术。电子器件普遍采用的材料是硅，硅像玻璃一样坚硬易碎，无法弯曲，如果放到柔软的皮肤上，很难跟着我们身体的软组织一起移动。塑料是一类柔软的材料，鲍哲南等研究者通过改变塑料的化学结构，让其获得电子性能，成为能够弯曲折叠的电子材料，然后应用到电子器件上。现在市场上常见的可折叠屏幕就是柔性电子的一大应用。

2004年，工业界已经开始开发柔性电子在显示屏的应用，来到斯坦福大学的鲍哲南希望做出更长远的可以触动每个人生命的新研究。在一次偶然的机会下，她发现机械领域需要的材料应该拥有皮肤一样的灵敏度，即使一只轻盈的蝴蝶落在上面，也能让我们立刻感知到。

这听上去仿佛是天方夜谭，然而，在2010年9月，鲍哲南给了全世界一个准确的答案。她的团队报导研究出一种能够感知微小压力的人造皮肤。人造皮肤让机器人也能拥有触觉，做一些需要控制力度的细微动作。不仅如此，未来人造皮肤在医疗器械、汽车安全等方面也大有可为。运用在假肢上，会让未来的假肢拥有像人类原本的肢体一样的触感；运用在方向盘上，方向盘能够感知驾驶员的疲劳程度，发出警告。如今，鲍哲南团队的研究更注重和心理学、医学、脑科学等领域的交叉融合。

学术界为鲍哲南加冕了无数荣誉光环，然而在她自己眼里，她只是一个追求自己兴趣爱好的普通人。无论做研究者、做创业者，还是做教授、

鲍哲南在课上讲解人造皮肤

鲍哲南获得 VinFuture 特别奖

做母亲，她总能从中获得快乐与力量。她的人生正如她自己所说的："最重要的是做自己开心的事，不要追求模式。保持乐观心态，往前看，不要放弃自己感兴趣的东西，自己认为正确的道路要坚持走下去。"

在斯坦福大学，每天穿着轻盈的球鞋，走路上下班的鲍哲南被评为"走路英雄"。上下班的总路程大约需要走一个小时，这是属于自己的放松时间。有时，她会充分放松身心，感受身体的舒展；有时，她会邀请实验室的学生和她同行，了解学生在生活和学习上的困难；有时，她会接受媒体的采访。

日常生活里，鲍哲南是一个亲和力极强的人，"腼腆又真诚"是很多人初见她的印象。在交谈中，她对科研的热忱、对父母的感激、对子女的疼爱、对学生的关切都透过一段段平实的对话流露出来。我们也能从她不经意间提起的童年回忆、中国留学生举办的春节联欢晚会，感受到她内心深处对故乡的眷恋和关注。

对故乡的深情一直潜藏在她的心底，也让她在国际舞台上展现出身为华人的骄傲。2017 年，她获得"世界杰出女科学家奖"，特意准备了一套"中国红"礼服出席颁奖典礼。当时她预备了两套礼服，当她询问同获奖的女科学家们，蓝色和红色礼服哪一件更好时，她们一致地指着红色这款，说："红色，当然是中国红！"可见，在所有人眼中，鲍哲南无疑是代表华人的一抹亮色。

天资聪颖，也离不开父母的教育与鼓励

在我的记忆中，父母给了我充分的自由，鼓励我去玩、去发现、去思考问题。在思考问题方面，我父亲总说问问题是很简单的，但不要为了问

斯坦福的"走路英雄"鲍哲南

问题而去问，要真正对某一个问题感兴趣并且有想法，在问之前先举出一个假设，自己想到有什么可能，再把自己的观察与假设进行对比。比如当我问到"天为什么是蓝的""树为什么是绿的""虫子为什么会上树"这些问题时，他会引导我进一步思考"天是蓝的是不是受到了云的影响"，而不是单纯地问"为什么"。他鼓励我自己去设想原因，获得答案后，再去反思答案和设想有什么不同，最终学习到知识。

我在教学中也发现鼓励学生形成良好的思维方式很重要，家庭教导我的思维方式对我之后做科研、开公司、做院长都很有帮助。

一次次实验让她对化学的兴趣日益浓厚，也引领她在实验室接触到了神奇的高分子材料

我们当时奉行"学好数理化，走遍天下都不怕"的理念，由于我对语文写作信心不足，于是在中学选择了理科。选专业时，我感觉数学的概念都比较抽象，物理有时很难领悟透彻，但化学可以让我看到很实在的东西，比如看到颜色的变化，做实验时能亲手拿到化学物，化学也学起来很轻松，因此我上南京大学时选择了化学系。

在大学期间，我接触到化学里的不同分支，其中最感兴趣的是有机化学。做有机化学实验时，我们会用原材料做出新的化学分子，最终得到的产量可以证明操作者的熟练程度和精细程度，所以分数也和产量相关。每一次做新实验都会遇到很多意想不到的问题，我开始没有足够的准备，第一次做实验时，得到的产量很低。之后在做实验前，我都会在脑子里先想象每一步应该怎么做，哪些地方会出错，在真正操作时，就像已经做过一遍实验似的，后来的产量都很不错，分数也越来越高，我在这门实验上的信心和兴趣也越来越强。

小学阶段的鲍哲南（左一）和她的姐姐 　　　1987年鲍哲南在北京天坛留影

小学阶段的鲍哲南在南京玄武湖留影 　　20世纪80年代全家在南京玄武湖的合影

大二暑假期间，我母亲鼓励我到薛奇老师的实验室做实验。现在大学生进实验室比较常见，当时我们大一到大三的暑假都放假回家，大四才能进实验室做毕业论文。我母亲在美国做过访问学者，所以她会鼓励本科生去实验室体验。薛奇老师也是从美国回来的，当时我有很多东西都不懂，在他的高分子化学和物理实验室第一次接触到高分子材料。很有意思的是，合成出来的高分子材料具有不同的特性，有时候很黏，可以拉伸得很长，有时候很硬。这些高分子材料在我眼里非常神奇，我对做实验既有很大的兴趣，又能在这方面做得很好，所以研究生阶段我还是选择了高分子化学，继续研究。

刚到美国时，她和姐姐要一边打工挣房租，一边准备研究生入学考试

当时是 20 世纪 90 年代，因为有亲属在美国，母亲就把我和姐姐带到美国。我母亲很快返回中国，留给我和我姐姐的钱只够一个月的房租。我们必须自己谋生，于是我们过上了白天打工、晚上学习，准备研究生入学考试的日子。

开始的时候我打两份工，全职工作是在工厂里当检验员，工厂生产的不同文件夹里面需要夹的纸张数量不同，机器会把纸张单独打包好，我和我姐姐需要检查打包好的纸张数量和文件夹是不是相互对应的。这是一个很没有技术含量而且比较枯燥的工作，工作时间久了会觉得非常困。

我的另一份工作是在超市里负责收银和整理商品，平时需要和别人交谈，偶尔会碰上一些有趣的事情。我们那时生活在芝加哥的郊区，周围的中国人不多，工作没几天我们在超市碰到一对台湾夫妇。他们对我们特别亲切，问我们为什么来美国，有什么需要帮助的地方。美国郊区和城市距

鲍哲南在南京大学留影

离很远，主要依靠私家车通行，当时我和姐姐想去车行买车，这对夫妇开车送我们到车行，给予了我们很大的帮助。

打工的经历让我确定自己能够在美国社会上生存下去，能够自食其力，对自己更有信心。打工也促使我融入社会文化，接触各种各样的人。虽然我在国内学了英语，考试也考得很好，刚到美国的时候和美国人交流还是很困难，说不出来英文，也听不懂他们说的话，但打工促使我和当地不同的人讲话。在我后来读书时，这段经历也促使我轻松自如地和来自不同地方的人交流、和不同人种交流，打开了我的社交圈子。不过打工时生活条件比较差，当时的打工经历也坚定了我们读书的信念。

从芝加哥大学到贝尔实验室，她在科研道路上逐渐找到了自己的方向

我本科在南京大学没有做过太多科学研究，暑期实习也比较短暂，还没有做毕业论文。到芝加哥大学后，刚进入实验室时，我对科研一窍不通，而且我对实验器材的英文都不熟悉，比如"烧杯""蒸馏管"，我开始都不知道怎么用英语去描述，所以经历了一段比较困难的时光。很幸运的是，我的老师俞陆平教授当时加入了芝加哥大学，成立了第一个做高分子的实验室，可以让我做高分子研究。他是个很平易近人、和蔼可亲的教授，耐心地手把手教我，和我同年进实验室的同学来自香港，在香港已经拿到了硕士学位，有一定的知识储备，也给了我很多帮助。

通过跟着导师做课题，我在博士期间慢慢学会了怎么选择问题、解决问题。一个人对某个领域有了解后，会比较清楚有哪些问题需要克服，再去根据已有的知识和自己的长处去想解决问题的办法。在同时思考几个问题和方案后，选择可行性最大的方案去实践。这也是我后来去贝尔实验室

20 世纪 90 年代鲍哲南在芝加哥留影

做柔性电子的思路，我希望能够发挥自己的化学专长。

刚进入贝尔实验室，我的老板给了我两串钥匙，说："这一串是你实验室的钥匙，另一串是你办公室的钥匙。"贝尔实验室有成熟的高分子有机合成实验室，当时她让我和做研究的人聊一聊，确定自己选择做什么。我用了两个星期了解不同的研究人员在做什么，有哪些问题需要解决。然后，我根据自己的背景选择了做柔性电子显示屏幕、有机晶体管。我之前没做过电子器件，柔性电子还很冷门，世界上只有三四个课题组在做，而且这个领域的化学人才很少，我觉得我对高分子材料的研究可以用在柔性电子领域。

在柔性电子领域的发展上升期，她作为开拓者，却把目光投向了新的方向

当我去斯坦福大学的时候，世界上有数十个课题组在做柔性电子，好几个国家的公司也在做相关研究，整个领域处于上升期。我觉得既然产业界已经在做这类研究，学术界的研究应该把眼光放得更长远一些，而且我在贝尔实验室已经做出来柔性电子基础研究的大框架。如果想要有大的突破，我必须在斯坦福大学做更长远、更有挑战性的工作。

当时柔性电子只有折叠性和可弯曲性，没有其他性能。有一次，我和机械系做机器人研究的教授聊天，他们做了一个能像蟑螂一样爬行的机器人，这位教授说"蟑螂"机器人爬到墙顶时，感觉不到已经到尽头，它的爪子还在继续往上抓，结果抓不到东西，就掉下来了，他们制作机器人的材料缺乏感知功能。这给了我灵感，柔性电子不应该只具有可弯曲性，而应该像皮肤一样柔软，有拉伸性、修复性、生物降解性。这会大大拓宽柔性电子的研究领域，能够有很多新的问题可以探索。

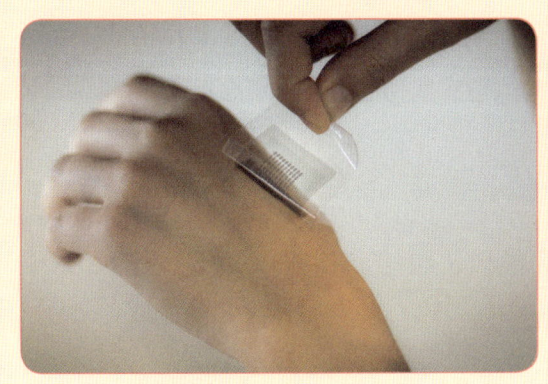

粘贴在手上的设备

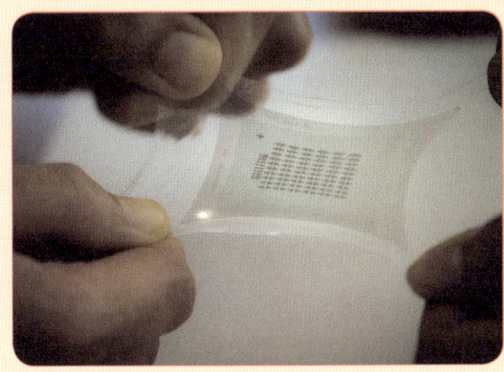

延展性测试

机械手触碰人手

这项研究比现实生活要超前很多，目前来看人造皮肤会在医学上有应用，我现在经常会向医学院了解什么样的人造皮肤功能可以分别在近期和远期内帮助到患者。

与学生共同学习，成了她研究阶段最开心的事情

我1995年博士毕业，距现在已经近30年了，我一直和学生共同学习。我也不知道每一个课题的答案，或者设计的解决方案能不能成功。在做课题的过程中，我和学生一起探讨解决问题的方法，我会指导学生学重要的知识，让他们学着讲解清楚，我不断地提出更深入的问题。我们共同学习的过程是研究阶段令我开心的事。

学生刚开始会比较害羞，害怕和教授讲自己的困难，我会主动让学生和我见面，如果学生遇到了困难，我会主动找他们到办公室来谈，或者在路上交流，看他们到底遇到了什么问题。等到学生不再害羞，我知道他们有问题会来找我，我就不再主动找他们了。

学生能够在这里发挥出独特的优势，一大批优秀的研究者从她的实验室启航，成为产业界和学术界不可多得的人才

老师需要给学生多一些鼓励，要善于发现每个学生的长处，帮他们找到自己感兴趣和有优势的研究方向。当学生遇到挫折时，我常说不要认为最后实验结果和设想的不一样就是失败，如果不是实验当中有疏忽，就要仔细考虑是设想有问题还是需要用新的知识来解释，通常意想不到的情况代表着令人振奋的新发现。新老师和学生相处要记住"己所不欲，勿施于人"，对学生平等尊重，学生才会更加有信心，才能独立解决问题。

鲍哲南在斯坦福大学的课堂上

鲍哲南在实验室

我的很多学生很优秀，目前在学术界独立研究或进入了产业界。现在已有超过 60 名学生在世界各国知名大学任教。我印象很深的学生之一是柔宇科技的创始人刘自鸿，他是学习电子工程的学生，虽然跨专业来到化学化工系，但他是我实验室里最快毕业的学生，3 年就把毕业论文做完了。他的每一个实验都准备得很充分，设计时能够在一次实验中把很多条件都尝试一遍，以便节约实验的时间，所以很快就能做出成果。当时能看出来他非常有创新性，他毕业后创立的柔性电子材料折叠屏幕公司，是中国第一个将折叠式手机推上市场的，比三星和其他公司更早。回想起来，我能从他当初设计实验的方式看出来他具备创建公司的潜力。

学术研究像一段段新的探险，探险者可能踩出一条通向目标的小路，也可能留下一处路标

有一部分学生离开学术界投入产业界，二者的研究方式不太一样，产业研究需要快速投入应用，而学术界需要开拓新的领域，它们有不同的风险，产业界要做出来能应用的产品，学术界开拓新领域则要看能不能有重大发现。学术探索像探险一样，要去别人没去过的新天地，最后可能发现新的东西，也可能什么都找不到，但是探险的过程是最重要的，这段研究经历能够让后人踏着前人的足迹进行新的探险。

我常常和学生讲，我们都希望取得重大突破、有重大发现，但在这个路程中我们更要注重自己学到了什么，这是我们可以控制的，我们学习的经历是可以总结出来。我们不一定每次都能做出新的发明，不一定总能确定最初的想法能不能实现，但是我们学到的东西可以给后人提供经验，最终产生更好的想法，最终能有新发现和新发明。

鲍哲南（左三）和她的学生们

柔性电子产业

柔性电子技术改变了传统材料的物理特性。长期以来，人们一直对柔性电子产业抱有极高的期待，将柔性电子视为下一代改变人类生活方式的革命性技术。在过去的10年中，柔性电子产业飞速发展，与光学工程、生物学、基础医学等领域交叉融合，形成了颠覆性的科技创新技术。

中国目前有十多家研制相关产品的科技公司。其中，柔宇科技作为全球最早进入柔性电子领域的企业之一，不仅研发出柔性电子显示器，让电子设备可以像纸一样弯折，还将技术应用到智能交通、智能家居、文娱传媒、运动时尚、办公教育等行业。柔宇科技曾经与航空公司合作，打造行李架柔性显示屏，还曾与央视合作，在舞台上用全柔性屏幕展现不一样的舞美效果。

在能源和生物医学领域，柔性电子也有用武之地。比如，恩复赛柔性电子公司致力于研发"纸电池"，为随身携带的穿戴设备供电；柔电云科研究的柔性生物电子，将电子器材与生物体融合，应用到医疗植入、生物传感等方面。

研究公司预测，2028年，"中国制造"柔性电子产业的市场规模可达到3010亿美元。虽然目前柔性电子应用局限在日常生活场景中，但随着技术发展，未来国防军工、航空航天、公共医疗、健康科技、泛物联网等领域，都会有柔性电子的应用场景。

在小臂上排列了 4 英寸电子设备

无须支撑可以扭曲的电子设备

> **秉持着相同的人生观、事业观，她和丈夫希望共同努力，让家里每一个成员都开开心心的**

我的先生也是读化学博士出身的，我在芝加哥大学读研究生时和他相识。他现在在斯坦福大学，负责一些行政工作。他很乐意给学生一些生活和事业上的建议，指导学生作学术报告、写学术文章，这些既对我的工作有很多支持，也对学生有很多帮助。他是一个开朗乐观的人，也很健谈，我性格腼腆一些，我们正好形成了互补。

在来到斯坦福大学之前，他在美国东岸的学校已经拿到了终身教授职位，但是我们希望一家人能够在一起，所以他选择到斯坦福大学来。他现在做行政工作很开心，因为他喜欢和学生接触交流，喜欢学校的环境，只要在这个环境里，做什么工作他都很开心，不会因为没有继续做教授产生心理落差。

其实我们对人生和事业的看法很一致，都认为人生最重要的是做自己开心的事，不要追求什么模式，比如研究者一定要做教授。我觉得如果不做教授，我也能做我喜欢的事情，在科研机构一样可以做研究，他持有同样的看法。我们选择去做一件事都是因为这件事会让我们高兴，而不是背后有什么压力。我和我先生在进行职业选择时，也不觉得谁做出了牺牲，我们把家庭看成一个小团队，我们共同努力，让家里每一个成员都开开心心的。

> **她出差参加会议时，丈夫需要独自照顾两个孩子，因此她面对邀约会更加慎重**

家庭分工上，我们两个人会分别选择自己爱做的事情。比如我儿子喜

鲍哲南和家人

欢体育，恰好我先生对各种球赛比较了解，他就会带儿子去打棒球赛、橄榄球赛；我女儿喜欢生物，喜欢在树林里采集标本，比如蘑菇、各种青苔，而我对这些比较有兴趣，就会花更多时间陪她采集标本。家务劳动分工上一般是他倒垃圾，我收拾碗碟。我比较喜欢种花、整理花园，虽然家里有园丁，我还是会自己修剪花园里的花草。我们鼓励孩子们负责做他们自己的事情。

总体来说，我先生对孩子的照顾多一些，因为我有时候要出差参加会议，这时他要照顾两个孩子。因此我也会注意不要出差太频繁，一些不必要的邀请我会拒绝，我觉得一方面是陪伴小孩子很重要，另一方面是不能把家庭的责任全压到他一个人身上。虽然他愿意付出，我也要体谅他。不是所有会议报告的邀请都必须接受，出差多就会少一些时间给家庭，也会少一些时间给课题组，学生也会缺少老师的指导，而且出差让人很疲惫，所以面对会议邀请还是要先权衡利弊。随着事业和家庭的变化，我分配在事业和家庭中的精力也在不断改变，随着资历越来越深，我答应邀约也会更慎重。

两个孩子的差异让她更理解怎么因材施教

我有两个孩子，女儿现在上大二，儿子现在上高三。通过养育孩子，我更了解人的智力发展过程和人的学习过程，这对我教育、指导学生的方式有很多启发，让我能够选择更适合年轻人成长的方式去教学。成为母亲后，我意识到父母对我的教育方式的重要性，他们希望我们姐妹全面发展，鼓励我们要在生活中发现乐趣和新鲜事物，父亲在培养我的思维模式时，总让我不仅要问问题，还要思考问题。我现在作为家长和老师，问孩子和学生问题时也要考虑怎么去启发他们。

在和孩子的接触中，我深刻地体会到孩子之间有很大的差异。其实我和我姐姐就不一样，我比较害羞，说话少，喜欢观察事物，不喜欢写作；她开朗外向，表达能力很强，喜欢文科。我观察我的两个孩子时也发现他们的爱好、性格和脾气完全不一样，我需要用不同的方式引导他们，让他们能够更有效地学到知识。我女儿比较害羞，这点有些像我，她也比较大气成熟，有很多自己的想法。她对自己的要求很高，所以有时候会给自己施加很大的压力。和她在一起时，我常常帮她分析怎么减轻压力。我儿子无忧无虑，喜欢踢足球、打橄榄球，想到什么就做什么，比如要交的作业当天早上才做，不像我女儿几天前就会准备好，很多事情我要提醒他，帮助他制订计划。

曾经担心生育会影响工作的她，后来发现影响工作效率的不是孩子，而是一个人协调时间的能力

在没有生小孩前，我也担心过生育会影响工作，生过孩子后我发现用以前休闲娱乐的时间来照顾孩子，这样也不会占用工作时间。我课题组里面的博士生也有怀孕生孩子的，有一个博士后生了3个女儿，女儿们都很小，她的先生也在工作。她做事情非常有条理，能把所有时间都充分利用起来，写的文章也不比别人少，而且发的还都是很优秀的期刊。随着年龄的增长，一个人需要平衡的东西越来越多，权衡与协调的能力也在不断优化，年轻时自己认为无法处理的东西，等能力增长到一定阶段就可以处理妥当了。

家长不一定要时时刻刻陪在孩子身边，却要在某些重要的时刻全身心陪伴孩子，关注孩子的变化，启发引导他们。在孩子比较小的时候，我请了保姆照顾他们的日常生活。从孩子上小学到中学，我每天早晨都会5点

起床，给他们准备早餐和要带的午餐，负责叫他们起床。早餐时，我会和他们聊天，听听他们一天的计划。下午孩子放学之后，我们全家也会利用一起吃晚饭的时间聊天。此时，我可以逐渐掌握怎么提出问题能够启发他们，如同我去启发我的学生，这有助于他们思考以后要做什么。随着年龄的增长，他们会逐渐形成自己的独立意识，而不会一味听从父母的命令。

蘑菇与机器人

当斯坦福大学绵密的小雨唤醒在树林中沉睡的真菌，树根与草甸上便会冒出一簇簇形貌各异的菌类。此时，鲍哲南会被女儿拉着，踩着雨后湿润的泥土钻到树林里去摘蘑菇，在女儿眼里，树林里的"宝藏"极有可能是解决目前环境问题的一把新钥匙。稍小几岁的儿子，正在摆弄机械零件，准备给机器人再加几个新功能。

不同于为孩子学业发愁的家长，鲍哲南在教育孩子方面，传承了父母的教育方式，她鼓励孩子做他们想做的事情，发现他们的长处。她认为课堂上的知识固然重要，不过孩子们早晚都可以掌握这些基础知识，比如拼音和加减法，就算三四岁时没学，到了六七岁自然就会了，更重要的是学会如何思考问题、解决问题。尤其是现在很多事情我们都可以借助工具来完成，我们更需要知道应该用什么工具可以更快地解决问题。孩子发展爱好、向外探索时，他们遇到的困难、疑惑都可以帮助他们培养出独立思考的能力，如果仅靠读书和做题是远远不够的。

鲍哲南的女儿从小就很喜欢到自然中去"寻宝"，这点和鲍哲南小时候很像。她仍然记得南京有很多色彩斑斓的雨花石，小时候，她最喜欢做的事情就是去旁边的沙地里找漂亮的石头。女儿小

鲍哲南和家人在机场

时候也喜欢去沙滩上找贝壳，母女二人会一起去搜集各式各样的贝壳，回家后把它们分门别类，观察它们的区别。

现在，女儿对蘑菇、木耳等菌类最感兴趣，下雨后会去小树林里摘很多蘑菇，拿回来归类观察。长大后的她不满足于只观察菌类的外形，还会思考更多的问题：这些易于生长繁殖的小生物对我们的环境生态有什么影响；现在全球变暖等环境问题和它们有什么关系；随着能源越来越少，它们是不是可以成为一种能够利用的资源……

从捡拾贝壳起步，如今女儿对未来食品、能源、治理空气污染等课题都怀有浓厚的兴趣，计划在大学里完成更多有意思的项目。在鲍哲南的言传身教下，她希望成为和母亲一样优秀的教授。

好动的儿子和姐姐完全不同，他喜欢体育运动，比如打棒球、打橄榄球。鲍哲南发现他好动手做东西。在小学时，他就会自己做一些好吃的分享给同学。于是，鲍哲南夫妇二人一直鼓励他做更多他喜欢的东西。现在，喜欢机器人的他参加了学校的机器人俱乐部，还会自己切割零件，组装小型的机器人去参加比赛。

鲍哲南提到儿子小时候就很有耐心，拿到一个东西就可以玩很久，她上班之前会把玩具准备好。有一次，她给儿子准备了几个小勺子、一小盒大米和一个小桶，却没有告诉他拿这些东西做什么。她发现儿子能自己想出很多玩法，比如把米盛到不同的容器里，然后倒在不同地方。

鲍哲南对这件小事不无感慨地说道："家长只给孩子一些材料，不给他限定模式时，他可以发挥想象力，尝试很多不同的方式，指导学生也是如此。学生的成长和孩子的成长对我是互补的两个方面，孩子让我明白怎么培养学生，学生也让我知道怎么教育孩子。"

> **她认为，全社会应该为抚养下一代给予更多支持，特别是在学术界**

虽然这几年化学工程学科的女性研究者比例在增加，斯坦福大学近年来招收的女教授数量也在大大增加，但整体上女性比例还是比男性低，这是社会问题。从数据上来看，美国化学领域的本科生，男女生基本持平；到了研究生阶段，女性比例下降到30%～40%；副教授里面女性大约只占1/3；正教授里面女性比例在15%～20%。

女性离开学术界有很多原因，其中，照顾小孩可能是主要原因，这个问题需要全社会共同解决。从小孩出生到上学，一个家庭要花费很大精力。美国的小学在中午一点就放学了，此时大人通常还没有下班，家长下午就要把孩子送去看护机构托管，但是看护机构价格昂贵，如果家庭负担不起高昂的费用，女性就很有可能放弃职业道路，在家里带孩子。所以，在美国针对现有的公立教育，社会还需要设置一系列辅助措施，让大部分家庭都可以负担起看护小孩的经济成本，以此来支持女性去工作。

在学术界，一个人从助理教授到正教授的职业上升期，刚好是很多女性生育小孩或孩子年纪很小的阶段。现在学校应对的做法是，无论男性还是女性，生育孩子的教授获得终身教职的考核期会适当延长，一般情况下生一个小孩可以延长一年，有必要的话还会再延长。这是考虑到教授照顾家庭需要一定时间和精力，可能影响工作效率。以前，希望延长考核期的老师需要单独申请，现在院系会自动给老师延长期限，反而是不想延长年限的老师需要提交申请。而且这项规定也适用于男性，这也要求更多男性去照顾家庭。

学术会议也有很大改进，我最开始做研究时，常常发现被邀请去作报告时只有我一个女性，其他二三十个人都是男性。会议里虽然有不少女学生在听，但是被邀请做报告的女性很少。现在学术会议组织者开始注意这一点，这是个很好的变化，也可以鼓励年轻学生，让他们关注更多做得好的女性。在硬件设施上，一部分开会的地方会提供临时托管孩子的服务，对女性是很大的便利，尤其当孩子处在哺乳期，不能离开妈妈时，类似服务对女性是很大的支持。有时是男性带着孩子来开会，这对他们也是很好的支持。

她在评审中更注重一个人的潜能，这能让更多有潜力的人获得机会

我们在招募年轻教授的时候，相比于一个人的成果，会更注重一个人的潜能，这能增加评审流程的公平性。我们会结合候选人之前成长的环境、平台和资源，考察此人在新环境中从零到一的成长。如果一个人一直处在很优越的环境下，接触到顶尖的资源，得到的成就可能比另一个人更多，拿的奖项更多。如果另一个人来自很贫穷的环境，没有很好的资源，却在独立研究的情况下达到了很好的水平。我们可能会判定后者的潜能更大，因为他能在困境中获得巨大的成长。这样做也有助于我们开阔眼界，而不是只关注结果。

包容的环境能让所有人充分发挥潜能，获得成功的机会，这是她最终的期待

如果希望完全消除社会上的不平等现象，最重要的是大环境需要变得更包容，学校要包容不同人种、不同性别、不同性格的人，每个人都能受到同样的尊重，不需要掩藏自己的本性，充分发挥自己的潜能。在包容的

鲍哲南于椰树林留影

环境下，所有人都能成功，而不是某一个性别或某一类人的成功。另外，要给所有人制造机会，比如升职机会、做领导的机会，以前男性领导对男性比较熟悉，接触的男性也多，会很自然地把一些机会给男性，现在要有意识地多关注女性，而不是只考虑自己熟悉的一类人。

她想对你说：

要对自己建立更多的信心，不要放弃感兴趣的东西和你认为值得做的事情，沿着自己认为正确的道路一直坚持不懈地走下去。要保持乐观的心态，一直往前看。

第三章
吕琳媛：一切偶然都有方向

吕琳媛获得第三届科学探索奖

数据的快速增长和数字技术的发展，为人们分析现实世界的各类复杂系统带来了新的素材和工具。在学术界，有一批研究者常常将各类复杂系统抽象为网络，通过理解网络的结构和演化特征来理解它们所对应的复杂系统的特征和演化规律，学界将这类研究者称为网络科学家。网络科学的研究为智能时代人类理解各类复杂系统提供了一套理论分析框架和技术体系，越来越受到学术界和产业界的广泛关注。2021 年，诺贝尔物理学奖授予了三位对复杂系统研究做出开创性贡献的科学家，其中，来自意大利的理论物理学家乔治·帕里西（Giorgio Parisi）正是吕琳媛博士生导师的老师。

全球供应链、人类大脑、城市交通、社交媒体等都属于复杂系统的研究领域。吕琳媛长期从事网络信息挖掘和社会经济复杂性的研究，利用统计物理的理论和方法解决信息领域中的重大问题。她提出的一系列算法和模型已广泛应用到致病基因预测、医保欺诈识别、网络舆情监控和电子商务服务等实际系统中。比如，在社交网络的舆情监控中，她提出的模型可以实现对相关舆情 99% 以上的准确追踪。因为在网络信息挖掘和社会经济复杂性领域取得的成绩，2018 年，吕琳媛入选《麻省理工科技评论》"35 岁以下科技创新 35 人"中国榜单。2021 年，获得"科学探索奖",成为前沿交叉领域的唯一女性获奖者。2022 年,因在网络信息挖掘方面的开创性贡献,荣获国际网络科学学会 Erdős–Rényi 奖,该奖项以传奇数学家、沃尔夫奖得主保罗·埃尔德什(Paul Erdős)和匈牙利数学家阿尔弗雷德·雷尼(Alfréd Rényi)的名字命名,吕琳媛是该奖项设立 12 年来首位来自亚洲高校的获奖者。

吕琳媛出生于工人家庭,父母总是喜欢用问问题的方式与她沟通,对她从小的选择也给予了充分尊重。小时候喜爱画画的她立志成为一名画家,并且从三岁开始学习绘画,在初中时就读于北京的一所艺术学校。不过,在成长的过程中,她逐渐发现虽然艺术能够给人们带来美的享受,但科学技术的进步对于国家和社会的发展、个人生活品质的改善更为重要。于是,中考时她选择了北师大附中,从艺术生转变为一名理科生。

2002 年,吕琳媛报考了北京师范大学管理学院(现系统科学学院)。学院为学生们提供了开放包容的学习氛围,数理基础和计算机建模课程更让她受益匪浅。在北师大读书期间,导师王有贵老师帮助她申请参加国际学术会议和学术活动,让她开阔了视野,也更坚定了她从事科研工作的信心。

2008 年,提前一年获得硕士学位的吕琳媛前往瑞士弗里堡大学攻读博士。最开始,她的研究方向是经济物理,后来,她的兴趣点从经济系统转向了经济运行背后的互联网技术,关注海量信息的挖掘、推荐、排序和预测。尽管当时大数据还未成为时代的风口,吕琳媛却坚信未来一定是大数据的世界,她的研究不仅具有理论价值,未来还将有广阔的应用场景。

2012 年,博士毕业的吕琳媛作为引进人才被聘为杭州师范大学教授,在杭师大阿里巴巴商学院从事研究工作。2017 年,她来到位于成都的电子科技大学基础与前沿研究院任教。如今,她的团队中走出了不少优秀青

乔治·帕里西获得诺贝尔物理学奖后，吕琳媛课题组参与线上讲座

年，她也在教学和科研中收获了成就感与幸福感。

近年来，除了研究自己感兴趣的问题，她总会思考如何真正将研究与国家战略紧密结合起来，让科技更好地服务社会经济的发展。对此，她满怀信心地说："科学家的精神和科学的思想，对于未来人类解决 21 世纪经济和社会发展等一系列问题一定会提供新的启发，创造更多的可能。"

出生于工人家庭的她，从小是被父母"骗"大的

我出生在北京的郊区门头沟，父母是电厂的普通工人。现在回忆起来，我从小可能是被父母"骗"大的。父母很少用大道理来教育我，也不会在我耳边传授"别人家孩子"的成功经验，父母在平时的生活中经常会装作不懂的样子，以提问的方式和我交流，让我自己去想办法寻找答案，并告诉他们我是怎么想、怎么做的。

父母没有受过正规的儿童教育训练，但现在回想起来，他们这种问答式、兴趣驱动型的教育方式极大地激发了我少年时期的求知欲，让我对周围的世界永远保持着开放、好奇的心态。此外，在升学、兴趣爱好、职业规划等重要的人生选择方面，父母也都给予了我充分的自由和尊重，这不仅培养了我独立思考和解决问题的能力，也为后来走上科研道路、从事科研工作打下了基础。

曾经是艺术生的她一度想成为画家，如今她仍然希望自己的科研成果能像画作那样简洁而优美

我从小特别喜欢画画，可以一个人在姥姥家的院子里待一下午去观察周围的事物，小时候曾立志长大后要成为一名画家，从三岁开始，每个周

末妈妈都会骑自行车载着我到少年宫学习，一年四季风雨无阻。有一年冬天下大雪，路很滑，妈妈就把我放在竹筐里拉着我去上课。在妈妈的这种坚持下，作为全班最小学员的我很快成为班中的佼佼者，并且多次在绘画比赛中获奖。

小学升初中的时候，为了继续自己的绘画梦想，我选择了一所艺术学校，开始了半天学习文化课、半天学习专业课的生活。其实，在当时以及今天看来，周围很多人不是特别理解父母的选择，毕竟绝大多数同龄的小朋友都会选择去普通初中学习，选择艺术学校的风险还是比较大的，特别对于一个普通工人家庭而言。现在回想起来，这所学校也挺神奇，由于一些特殊的原因，学校只存在了三四年就停办了，所以我们这届学生应该算是这所学校仅有的一届毕业生。

后来，随着成长我开始意识到，虽然绘画可以带给人们美的享受，自己也很感兴趣，但我觉得科学技术也许更能帮助人们改善生活。我也不知道这个想法具体是什么时候开始的，总之，后来到了中考的时候，我并没有选择报考老师推荐的中央美术学院附属中学，而是选择了北京师范大学附属中学，之后又如愿考入了北京师范大学。

我觉得从艺术生到理科生的这一转变挺自然的，我并没有什么太多的规划，现在想一想，可能也是和性格有关吧，因为这是自己的选择，再加上父母的开明和支持，所以并没有遇到太多的障碍，而且之前在艺术学校，文化课也没有落下，考入北京师范大学后在学习上还是比较顺利的。之前学习绘画的这段经历对我来说是非常有意义的，尽管现在每天面对的都是数据方面的工作，但凭借着小时候的绘画功底，所以我对每个方程、每个模型、每一张图，甚至每篇论文都有着自己审美上的一些要求，也希望它们能够像画画那样简洁而优美。

> **尽管选择专业时有些随意，她还是从中发掘乐趣，努力做到最好**

说实话，我在大学选专业时还是挺随意的。起初想选择医学或者考古学，选择前者是由衷地认为医生的工作很神圣，选择后者是觉得埋藏在地下的人类文化和历史很神秘，但深入了解后发现这两个专业自己都不太符合要求，后来就选择报考了北京师范大学管理学院，现在叫系统科学学院。其实，当时选择这个专业，也是觉得管理是将科学和艺术结合得很好的专业，文理兼收，而且北京师范大学也是一所非常有底蕴的名校。管理学院的前身是非平衡系统研究所，创始人是我国知名理论物理学家、系统科学学科奠基人、北京师范大学原校长方福康教授。当时给我们授课的老师大多是系统科学、理论物理领域的专家，学科设置非常注重数理基础和计算机建模，我很喜欢这些课程，也喜欢学院开放包容的学习氛围，老师的研究领域也很宽泛，所以本科毕业后我也选择留在学院继续攻读硕士。

从专业的选择来讲，我没有太多的经验，个人觉得还是要选择自己感兴趣的方向，遵从自己的内心，然后努力把它做到最好。尽可能在本科学习的时候打好基础，学好本专业应该掌握的知识和技能，今后走入社会，才会有自己的立身之本，而不至于被社会的瞬息万变所淹没，迷失自己的初心。

> **在导师的帮助下，读本科的她争取到了参加国际经济物理学大会的机会**

2006年，我正在准备本科毕业论文，偶然间看到一则国际经济物理学大会即将在日本召开的通知，会议主题和我的研究方向非常契合，于是我非常希望能有机会参会并与国际顶尖学者交流学习。但当时作为一名本科生，要从学校获得国际差旅、住宿费用的支持难度极大。导师王有贵老师建议先投稿试试。我的文章虽然不长，但当时我和王老师一起打磨了一遍又一遍，甚至对于中英文不同语境下表达方式上的微小差异，都琢磨了很久。凭着这样的细致态度，稿件最终被录用了。王老师也一直努力向学校介绍我的科研成果，最终我很幸运地争取到了经费支持，当时还在美国波士顿访问的王老师也专程飞到东京，给第一次参加国际会议的我加油打气。这次经历也成了我学习路上的一个重要里程碑。在整个过程中，王老师耐心地帮我修改材料、不断地给我信心，还陪我一起到东京参会，在会议期间将我引荐给多位国际知名学者，让我能够有机会和他们探讨交流学术问题。我从他们身上感受到了学者的品德和坚持不懈的科学精神，这让我在科学问题的选择以及学术上的成长方面获益良多。如果没有导师的坚持和帮助，我就不会有这种宝贵的学习机会。

十多年前，国内的研究条件与今天不可同日而语，我在后来的聊天中才得知，刚开始的时候，王老师知道几乎不可能为本科生申请到国际交流经费，只是为了不打击我的积极性，才让我去试着投稿。靠着自己和老师的坚持努力，我最终把握住了这个机会！所以现在自己当老师，也鼓励学生做事情首先要学会去争取，只要有机会就要尽量把事情做到最好，不管最终的结果如何。

天道酬勤，研究生期间的一场学术活动奠定了她今后的方向

日本的国际会议，让我开阔了视野，认识了很多优秀的科学家，我也更加坚定了未来将科学研究作为自己职业的信念。所以，从日本回来以后我就一直有个想法，希望未来有机会一定要出国交流一段时间。这个想法

2020年吕琳媛（左三）与学生于东京参加国际网络科学学会NetSci-X会议

也产生了奇妙的连锁反应，让我遇到了人生中的第二位导师。在那次会议结束的两年后，人民大学举办了一场学术活动，在这次活动上我的硕士生导师王老师向我引荐了信息经济学研究领域的国际著名学者张翼成老师，他后来也成了我的博士生导师，而这份缘份最初来自两位老师之间的一次聊天。记得在那次聊天中，王老师和张老师就信息不对称下的商品质量多样性问题展开激烈的讨论，我作为王老师的学生就在旁边听着两位老师的讨论，然后默默记下了问题。会议结束后回到宿舍，我就开始设计数学模型，并在第二天早上交出了答案，这让张老师大为震惊，这为之后的出国读博埋下伏笔。2008年，我提前一年硕士毕业，前往瑞士弗里堡大学攻读理论物理博士，成了张翼成教授的第一位女博士生。

一切偶然都是必然。看似幸运和偶然背后，是四年的大学学习教会了我踏实认真的做事方式和长期主义的人生信念。在我成为王老师研究生的时候，王老师就已经在新经济学领域耕耘多年，而直到今天他依然还在这个领域开疆拓土。哪怕当时这个研究并不热门、也不容易申请课题，甚至在主流经济学领域发表论文都很艰难，但王老师依然乐在其中。这种做学问的态度对我的影响很大，也让我学会了要在科研工作中坐得住冷板凳，只要不忘初心并长期坚持，一定能在你所热爱的领域做出成绩。

2009年，她敏锐地察觉不久的将来人类将进入大数据时代，她大胆地将研究转向信息物理方向

最初张老师招我过去是跟他做经济物理方面的工作，但不久之后我就转变了科研方向。与其说当时自己对信息经济感兴趣，不如说是对支撑信息经济或者说信息社会背后的新技术更感兴趣。慢慢地，我的兴趣点从对经济的关注转向了经济运行背后的网络技术。2009年，大数据的概念

2019年吕琳媛（前排左四）带领团队参加会议合影

刚被提出，还没有成为一个时代的热门概念，但我坚信未来是大数据的世界，处理和分析这些数据的各种方法一定会成为"刚需"。就是这样一个单纯的信念，推动着我选择了至今从事的网络信息挖掘的研究方向。当时我坚定地认为这个方向的研究不仅具有理论价值，在未来也会有广泛的应用场景。当我向张老师表达了自己想调整方向的想法之后，虽然张老师也没多说什么，但是能感觉出导师的一些忧虑。张老师有句话让我至今记忆犹新："不管你做什么研究，伤其十指，不如断其一指。"[1] 虽然我大胆地从经济物理转向了信息物理，但这句话一直铭记在心。今天的我很庆幸当时自己做出了这样的选择，也正因此才有了后面在链路预测、重要节点挖掘、个性化推荐等方向上产生的一系列的研究成果。

我觉得博士期间的研究一方面一定要做自己感兴趣的方向，另一方面也要结合时代的发展背景，对于大多数的研究而言，只有顺势而为，研究成果才可能产生更持久的影响。我后来学术成果的取得及其在社交媒体、舆情监控等领域的应用，其实都是与社交网络、大数据、人工智能的发展趋势密不可分的。

初到杭州师范大学，她的第一批研究生是从其他学校面试现场"忽悠"来的

在毕业之前，我和国内的一些互联网公司就有合作，但毕业之后，我毅然放弃了去企业工作的机会，选择到高校从事教学和科研工作。一方面这是我研究生期间就定下的一个目标；另一方面，我认为在对人的培养方面，高校比企业更适合自己，也是我个人认为的实现自我价值最好的一种

---

[1] 这句话比喻处理工作和解决问题，宁可少一些，但一定要彻底。——编者注

工作和生活方式，所以博士毕业后我就到了高校工作，直到今天，我也一直享受着科研工作带给我的成就感和幸福感。

任何领域的科学探索都存在着"十年也未必能磨一剑"的风险，我感谢杭州师范大学阿里巴巴商学院相对宽松的研究氛围，能让我安心工作。面对任何一个新环境必然会面临各种挑战。由于博士是在国外读的，回国后对国内的科研体制不太了解，对于项目评审、平台建设、学生培养这些方面几乎都是从零开始。比如，刚到学校的时候，学院连独立的研究生招生资格都没有，只能和其他学院联合招生。我们经常开玩笑说，第一批研究生都是从其他学校的面试现场"忽悠"来的，我的第一个硕士生其实也是这样来的。经过几年的学习，他最终拿到了苏黎世联邦理工大学的博士入学资格，毕业后，他也成了我团队的一名青年教师。

虽然，初期生源是个大问题，但从另一方面来讲，老师和学生之间的关系会更近，而且彼此也会更珍惜这段师生缘分。这么多年过去了，最初的一批学生很多都在各自领域做出了优秀的成绩。

除此之外，当年去学院的时候，整个学院只有一两项国家基金，科研平台也没有搭建起来，申请项目几乎没有任何经验可以借鉴。所以在最初的几年，周围很多朋友都不太能理解我的选择，但自己过得比较开心。任何一个新的环境都有利有弊，去抱怨没有任何意义，关键还是要做好自己手里的事情。所以，我觉得实验室初期的条件固然很重要，但这不是最重要的，如何对待这些不可改变的客观因素的主观态度，才是决定你未来发展的关键因素。虽然初期的工作条件面临各种挑战，但也正是这段经历，让我学习和积累了非常宝贵的经验，也对后来的人生选择有了更清晰的认识。

学生们有的像"小马驹",有的像"野马",她带他们来到广阔的草原,一起自由驰骋

我会针对学生的不同情况来为他们制订培养计划,当然这都是建立在和学生充分沟通的基础上。对于刚刚接触科研的学生而言,我更注重培养他们的科研兴趣,将他们带入科学研究的世界,让他们能够逐渐适应环境并培养独立生存的能力。因为很多学生本科期间对于科研工作都是以观察者的视角去认识的,并没有以参与者的身份真正进入科研工作中来,就更别提科研工作能给他们带来的成长和快乐,所以培养兴趣是第一步。而对那些已经具备一定科研能力的学生,我比较主张为他们提供一个相对宽松的环境,给他们更多的自由探索以及展现自我的机会。面对基础扎实、独立性强、极富创造力的学生,我把他们比喻成"野马",能做的就是给他们提供一片开阔的草原,和他们一起自由驰骋。

徐舒琪是我第一位女博士生,她从一名科研小白一步步成长,目前成了一名综合能力非常强的青年科研工作者,她对时间的安排以及对各种新生事物的学习能力都让我非常钦佩,在同样的时间里她能并行处理很多事情,同时也能在科学问题上提出自己的见解,她在博士期间就取得了很多成果。我觉得敢于创新,积极拥抱新事物,这是作为一名优秀研究生的基本素质。

科研团队的发展既需要每个人心怀热忱,也依赖良好的管理制度

我经常和学生们讨论,一个科研工作者的价值是什么。排在第一位的是提出并解决了哪些重要的科学问题。当然,随着科技与社会联系的日益

吕琳媛（前排左三）和学生合影

吕琳媛（左）与博士毕业生徐舒琪合影

紧密，科学研究自身也在不断地进化和发展，社会和国家对于科学也提出了更高的要求，作为科研工作者，我们要结合自身的情况在保持初心的同时也要顺应时代的发展。在今天，写了那么多论文，除了科学价值，我们也要思考自己的工作究竟能为社会和国家的发展做出哪些贡献。在我自己的科研经历中，我一直秉承"结合国家战略需求，做有价值的创新成果"的理念，认为科学研究要为国家重大战略问题的解决提供研究支撑。

我认为对科研要始终心怀热忱，将目光放长远一些，在现有的科研评价体制下，要吸引青年学生从事科研工作，不能仅靠情怀，还需要相应的制度保证让年轻人能够踏实工作，这也是团队和组织存在的必要前提。有分工、有合作，一个人的力量毕竟有限，每个人都有自己的优势和劣势，如何能够依托平台和组织，尽可能让大家都参与到共同的事业中来，在课题实战中去培养学生，让他们敢于探索前沿问题，同时又能维持团队的整体发展，这的确是一个管理上的难题和挑战，至今也还在摸索的路上，不过整体

吕琳媛（中）与团队学生合影

上看，我们做得还算不错。团队的博士生，绝大多数都申请到了国家留学基金资助去了世界名校继续读博，博士毕业生中，大多数都获得了双一流高校的特聘副教授的职位，硕士毕业生去顶级互联网公司从事研发工作的也有不少。总的来讲，团队为大家创造了不错的学习和成长的环境。

"敢为天下先"的家国情怀一直激励她做出更具创新性的研究

博士毕业至今，我的研究都是围绕网络信息挖掘和社会经济复杂性在展开。在这条主线上，衍生出了多个领域，包括社交媒体的数据挖掘、脑神经网络分析，甚至还包括新信息经济的研究，我认为这也是复杂科学的魅力所在。"复杂世界，简单规则"，这些看似不太相关的领域和现象，其背后统领的理论思想和方法论基础都是复杂系统和复杂网络。套用系统论的说法，我的科研经历从整体上看几乎没变，但在局部上又每天都在变化，面对着各种新问题。

这几年走过来也有一些体会。正如前面提到的，这两年国家一直在讲，要将研究论文写在祖国大地上。这不是一句口号，而是我们每一位科研工作者在新的时代背景下的历史使命。在创新驱动发展的新时期，科学研究与经济发展的关系变得日益复杂，许多前沿科技也慢慢走进了老百姓的生活。今天的科研工作者，在"埋头苦干"的同时也要适当地"仰望星空"，要学会与企业、政府对话。通过对话，我们可以了解不同组织的认知视角和思维模式，即使自己或团队不直接参与知识的转化过程，但这种对话本身既能为我们的科研工作带来新的认识，也可以降低科研成果产业化过程中的沟通成本。其实，科学家与企业家群体，尽管所处的环境不同，但两者在很多特质上具有相似性，都具有"敢为天下先"的家国情怀，这些特质对于国家的强盛至关重要。有一些学者可能会说我们做的是数学、物理这样的纯基础研究，不需要去考虑应用。这当然有道理，基础研究有自己的规律和特征，但是在今天这样的百年未有之大变局的时代，除了一小部分的研究是完全不需要考虑社会发展，大多数研究还是离不开社会环境。因此，加强与不同学科、不同领域之间的沟通与合作对于今天的科研是必要的，也是有益的。当然，科学绝不是万能的，但科学家的精神和科学的思想，对未来人类解决经济和社会发展带来的一系列问题一定会提供新的启发，创造更多的可能。

复杂世界，简单规则

个体、公司、城市，乃至一切复杂的万物，是否都存在相通的内在生长逻辑？影响个体成长、公司寿命及城市化的扩张的决定因素究竟是什么？人类能否通过融汇生物学、物理学、社会学、经济学等跨学科知识，找到揭开复杂万物生长背后的简单法则？找到复杂世界背后蕴含的普适且简单的规律，是复杂科学研究的最终目标。

由于在众多复杂的物理、生物和社会系统中，各个部分相互作用，很多经典概念和规律在现实世界中并不完全适用。对复杂系统的研究可以告诉我们一些假设在什么情况下会失效，为什么失效。科学家关注的不止是某个特定系统，也包括系统中各部分是如何关联起来的，继而横向对比挖掘不同系统的共同规律，以期提供统一的科学框架。

如今，大数据和网络科学的快速发展，为人类探索万物的奥秘提供了绝佳的契机。海量数据极大扩展了不同学科的研究范畴，促成了多个新兴交叉学科领域，这些横跨多学科领域的前沿研究成果，必然会让人们对我们所处的复杂世界有更为全面的认识。

吕琳媛在第三届科学探索奖颁奖典礼暨2022"青年科学家502论坛"现场讲解复杂系统

吕琳媛在TR35现场分享学术成果

她把大大的梦想，放进了一张小小的书签里

在日常生活中，我觉得自己就是一个普通的 80 后，喜欢画画、旅行和美食，喜欢在享用美食前拍照发朋友圈，有空闲时间喜欢自己下厨做饭。有时间就多陪陪家人，特别是三岁的女儿。在我看来，能够从事自己热爱的事业，同时还保持对生活的热爱和对兴趣的坚持是非常幸运的事。

我一直希望能把做学术和喜爱的艺术结合起来，于是在出版第一本学术专著《链路预测》时，我手绘了这本书的书签，画的主题是"背着蜗牛壳的象"。我很喜欢这幅画表达的意境——小小的天也有大大的梦想。在努力追寻梦想的路上，砥砺前行。我经常和学生讲，你们现在从事科研工作，信息的获取和学术交流的便利性改善了很多。我读硕士的时候一篇论文都没发表过，现在很多研究生，甚至本科生都有机会参与到重大课题的研究中，发表很好的成果。所以，现在从事研究的大环境越来越好，虽然还存在一些问题和需要改进的地方，但我们每一位青年科研工作者，都要做时代的参与者而不是观察者，要真正参与到科学研究当中。这当然会面临各种各样的问题和挑战，但是只有在真正的参与和实践中才有可能找到解决问题的路径，这也是每一名科研工作者的时代责任。所以，在学术探索的这条路上，大家要坚持梦想，保持初心，一步一个脚印，做好规划，终会有所收获。

除了科研工作，我在科普方向也做了一些初步的尝试，把前沿科技和日常生活更紧密地结合起来，希望通过一些科普类书籍让大家对科学的进展有更好的了解。国内的科普氛围还有待提升，国外很多做基础理论研究的科学家，都出版过很多畅销的科普类书籍，也经常参加面向大众的科普演讲。前沿科学里很多理论、概念，离大众的确比较远，但另一方面，很多研究又来自我们对自然、人类社会发展的观察和认识，其实离大众又很

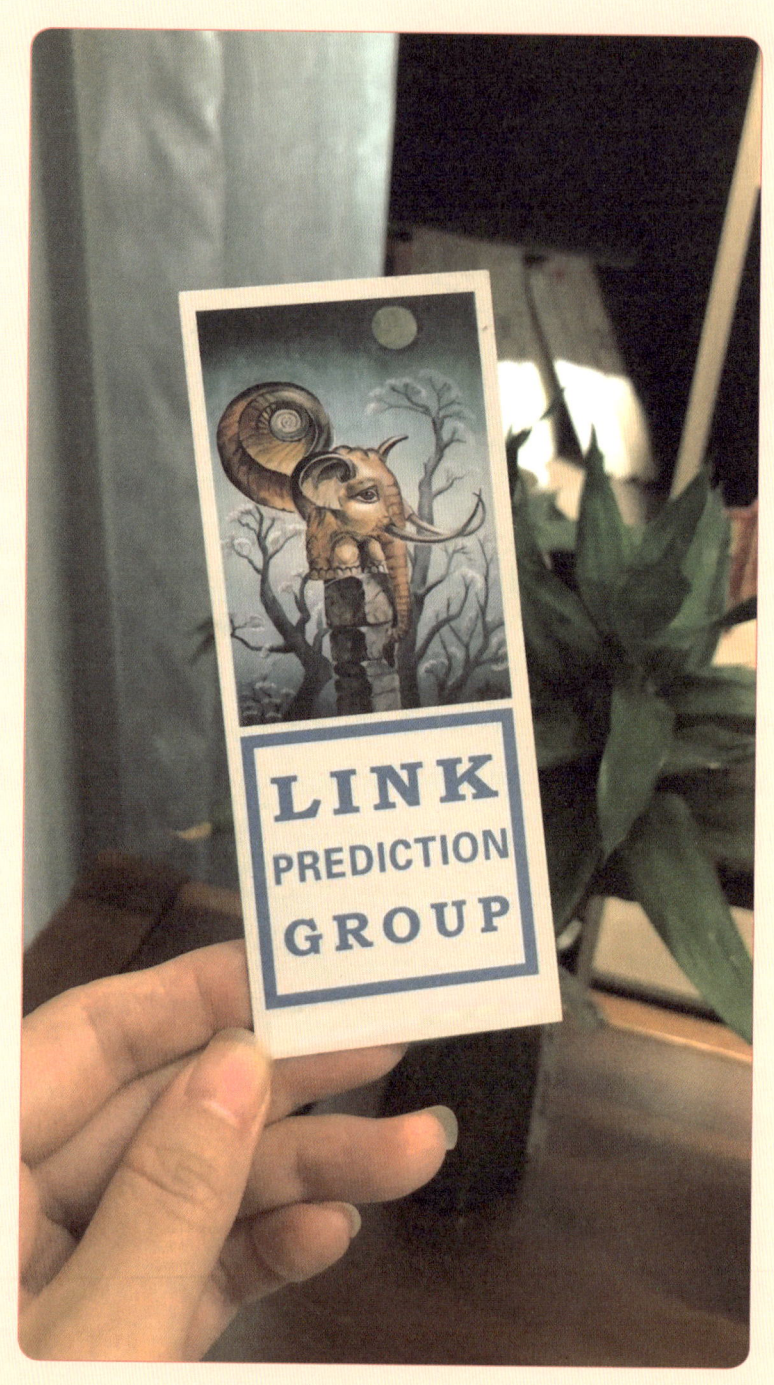

吕琳媛为自己第一本学术专著《链路预测》手绘的书签

近，科学研究的成果对人们日常生活的思维和认知很有启发。比如我翻译的《反常识》一书，想告诉大家常识会造成一种思维陷阱，它在帮助我们快速做出惯性判断的同时，也会阻碍我们思维的创新性。《反常识》鼓励大家对常识性的理解和判断始终保持质疑的态度，实时审视自己的思想和观念，跳出常识的禁锢，书里还举了很多生活的例子。在做科普的过程中我也一直在思考，如何才能把专业的知识以更加生活化的方式表述出来，让非专业的读者也能有所收获。

长着娃娃脸，经常被调侃成本科生的她，平日里趣事连连

因为长得比较显小，所以和学生一起出去开会，我经常会被人误认为是学生，学生被当作老师。记得有一次，我和一位研究生参加一个国际会议，对方安排了接待但之前并未见过我，直接就握着这位学生的手说欢迎吕老师，当时的情景非常尴尬也很好笑，这也成为团队经常调侃的一件事。

团队的老师经常调侃说我生活不能自理，因为我要经常出差，有时会忘记带一些日常用品，或者将水杯、雨伞落在飞机或高铁上，当然大家也都很照顾我。我的科研助理郭老师经常说："琳媛的脑回路确实有些清奇，我就像带个幼儿园小班的孩子一样。她经常会做一些让周围人哭笑不得的事情，真是让我操碎了心！"我曾经非常严肃地对学生们说："生活可以稍稍随意点，但科学研究一定要认真谨慎。"我在实验室立下一条规矩："谁要是写错了代码或者算错了重要结果，就罚他坐仙人球！"但是几年过去了，实验室的仙人球至今还没到货。

其实在个人生活中我还算是个小能手，当初一个人在瑞士留学的时候，从租房、采购食材到做饭，所有事情几乎都是一个人完成。包括刚到杭州工作的时候，当时代表学院成功申办了一次重要的学术会议，规模近

千人，学院之前从未举办过这么大规模的会议。为了保证会议的顺利召开，场地租赁、食宿选择等各个环节我都是亲自到现场一个一个地推进落实。后来，随着团队成员越来越多，也慢慢有了分工合作，大家的成长也越来越快，在很多方面都能独当一面。

她用系统观看待家庭，尽管曾经和丈夫有过 6 年异地生活，他们的感情依旧非常好

我的先生也在高校工作，所以他对我的工作方式有更强的同理心，他对我工作和生活上的支持非常大，这一点我一直以来都很感谢他，我自己也觉得这是我人生中非常幸运的一件事情。我们是大学同学，我俩从结婚起就一直异地，差不多有 6 年时间。周围很多人都觉得这种生活可能会面临很多的挑战和问题，但回顾这么多年的经历，我们彼此的感情非常好，也正是因为这段异地生活，我们一方面对自己的职业选择和角色有了更清晰的认识，同时作为一个家庭的核心成员，我们也知道家庭作为一个整体对于我们各自的意义。客观上的困难和挑战并不是最重要的，你如何对待它才是关键。当然每一个家庭都有自己的模式，就我而言，我和先生除了聊美食、旅游、孩子以外，我也会和他分享工作中的趣事，当然也包括遇到的一些问题，他也会从他的角度给我一些启发，我觉得这种双向的沟通对于我个人的成长，以及家庭关系的和谐都是非常有帮助的，在这些看似聊家常的过程中，我们的关系也得到了滋养。

对我个人而言，一个家庭作为一个整体，首先要在意识上以家庭为单位建立一个有共识的目标，这个目标可能不一定是以具体的指标来衡量的，它更多像是一个"指向"，在这个整体指向下，家庭中的不同成员可以去做自己的事。当然，在这个过程中个体之间势必会存在一些博弈、妥

协甚至牺牲，但是既然成了家，就必须考虑到整体的发展和长远目标。在一个家庭中，我既是先生的妻子，又是孩子的母亲，也是父母的女儿，而社会对于这些多重角色的要求很多时候是不一样的，甚至是有冲突的。正因为如此，建立系统观，从家庭整体的角度去处理生活中的一些问题的时候，往往会相对容易找到解决的办法，而不至于陷入局部的纠缠。

和女儿共同成长时，她逐渐欣赏到不同的世界

我女儿刚满三岁，很多人会说这个阶段的小朋友最淘气也最让人费心，其实在我看来，和她相处的过程和做科研在很多方面其实还是很像的。我们在照顾和陪伴小孩子，换个角度想，也是小孩子在陪伴我们，同时教会我们看待世界的不同方式。只有真正投入时间和精力，你才能在这个共同成长的过程中获得快乐和幸福。

这很像是科学探索的过程，很多重要的问题不是从一开始就会被提出来的，绝大多数都是从小问题甚至是一些当时看起来非常不成熟的想法开始的，只有当你和这些科学问题建立起长期紧密的关系，才有可能真正走进科学问题的核心。一定程度上，一个好的科学问题，会像小孩子一样，带着你进入一个新的世界。一篇好文章也如此，更多是"文章本天成，妙手偶得之"。所以，我非常珍惜和孩子在一起的时光，虽然很烦琐、很消耗精力，但是也能让我学习到很多新的事物，让我的生活丰富多彩，更有意义。

她看到了女性更愿意投入科研的趋势，也从宏观角度看到了政策对女性的支持

现在的很多职业给女性带来了更多的机会，有越来越多的女性进入科

吕琳媛和女儿

研事业中。以我的团队为例，前几年招收的男生确实要比女生多一些，但是近几年，男女比例之间的差异越来越小，今年团队新入学的硕士全都是女生。我认识的很多女性对于科研都非常有热情，也愿意投入时间和精力在工作上，她们充分展现了女性强大且具有韧性的生命力，每个人身上都有自己鲜明的特色，我觉得这一点是非常重要的。她们在思想上非常独立，并且敢想敢做，在研究过程中有着不屈不挠、勇于探索试错的精神，工作中极其专注。而且现在很多女性工作者，她们身上的家国情怀都非常强，这也激励着我对于自己的工作有着更高的要求和使命感。

我们也看到，真正在科学研究领域做到塔尖的女性比例，相对于男性而言的确还很少，这里面有个人的因素，也有社会文化的影响，还需要做很多工作，包括教育公平、落后地区女性教育基本权益保障等。从最近几年国家的政策和科研环境来讲，对于女性工作者也出台了很多新的文件和措施，比如2021年4月发布的《关于实施科技创新巾帼行动的意见》、同年7月发布的《支持女性科技人才在科技创新中发挥更大作用的若干措施》。国家和地方的很多科研和人才项目也加大了对女性科技人才的支持力度，放宽了女性科研人才申请的年龄限制，相信未来会有越来越多的女科学家涌现出来，在国家发展的浪潮中贡献更多女性的智慧和力量。

吕琳媛接受采访留影

她想对你说：

我曾经给学生写过一段寄语：所有人都面临着生活的压力，除非再钻进妈妈的肚子里。读书的时候有学业压力，工作的时候有工作压力，结婚以后又有养家的压力，有了宝宝又会有更多的责任。但这些压力不也正是我们前进的动力吗？有人会羡慕富豪榜上的名人，但是这些人所面对的压力，并不一定会比普通人面对的压力小，有时甚至会更大。正是来自环境中的各种压力才促使人类的成长，创造出更精彩的世界。

任何个体从本质上讲，天生都带有各种缺陷，很多伟大的艺术家、科学家身上的缺陷往往比常人更大，但他们之所以伟大，就是能够充分意识到自己的缺陷，并勇于面对生活中的各种挑战并找到解决的路径，这和科学研究非常类似。挑战越大，往往意味着战胜问题的价值越大。我们需要做的就是拥有强大的内心、乐观的态度来迎接挑战、做最好的自己。

身处高速发展的时代，面对瞬息万变的世界万物，每一个人都更需要静下心、沉住气，找到自己的路大胆地走下去。只要方向是对的，过程中的困难都是可以克服的。不忘初心，砥砺前行，以更加开放的心态拥抱未来，躬身入局，走出一条属于你自己的人生之路。

第四章

李婧翌：保持好奇，向前一步

李婧翌于哈佛大学拉德克利夫研究所留影

李婧翌于 2007 年获得清华大学生物学学士学位，2013 年获得加州大学伯克利分校生物统计学博士学位，随后在加州大学洛杉矶分校担任助理教授，现任加州大学洛杉矶分校统计系教授。李婧翌 2018 年获得斯隆奖，2020 年入选《麻省理工科技评论》"35 岁以下科技创新 35 人"中国区榜单。无论哪一个时期，李婧翌都是同龄人里的佼佼者。

李婧翌生于 1985 年。在她的童年时期，外婆和母亲的言传身教既塑造了她的性格，也培养出让她受益一生的习惯。她的外婆是新中国成立前的大学生，对读书非常重视。外婆不仅把三个儿女都培养成大学生，还鼓励李婧翌从小多读书、多思考。在李婧翌初中时期，曾任中学校长的母亲重新回到学校读研究生，取得博士学位后，留在大学任教。母亲对学术不懈追求的精神感染了李婧翌，让她看到研究新问题的乐趣，也让她心中燃起了科研梦。

2003 年，从重庆南开中学保送进清华大学的李婧翌选择了研究生物，生物领域有太多未知问题等待着研究者去探索，这对她有着无尽的吸引力。在学习中，她发现了自己在数学统计方面的优势和兴趣。她更喜欢用数学工具来研究生物问题，同时，她也注意到当时的生物研究缺乏定量分析。于是，生物统计学成了她努力的方向。

在生命科学领域，很多问题仅仅用实验手段来研究还远远不够。李婧翌用严格的统计学方法来研究数据，逆转了 2011 年一篇发表在《自然》期刊文章中的结论并让他们对基因表达产生了颠覆性认知。那篇文章的作者认为 RNA 翻译成蛋白质的速度决定了细胞中的蛋白质含量。然而，李婧翌利用统计模型重新分析了该文章中的实验数据，发现遗传信息从 DNA 流向 RNA 的转录过程才是控制蛋白质含量的关键。李婧翌的研究成果重塑了科学家之前的认知，即在研究蛋白质的高通量实验手段有限的现实局限下，研究基因在 RNA 水平的表达量是可以用于发现基因表达调控的生物学机理的。

这项研究让人们进一步认识了基因表达和蛋白质形成的过程。而且，新兴的 mRNA 疗法也能从中获益匪浅。mRNA 疫苗的基本原理与传统疫苗不同。简单来说，mRNA 疫苗把携带了病毒遗传信息的 mRNA 导入细胞，再利用翻译过程在细胞内生成相应的蛋白质，从而激发人体免疫功能。利用数学模型可以更精准地模拟这一过程，有利于人们在研究 mRNA 疗法时取得更多进展。

随着新的实验技术和数据涌现出来，生命科学领域会面临全新的需要定量分析的问题，生命科学与其他领域的交叉也会带来一系列新的课题，这让李婧翌能够持续学习新东西，也能获得研究新问题带来的兴奋感。有时，她的阅读和研究不局限在生物领域，她愿意将自己的眼界放得再广一些，从不同的研究中发现生命科学可以走的新方向，从不同人的经历中汲取自己需要的养分。

高中时期的同学曾经评价李婧翌拥有撒切尔夫人一般的自信，她每干一件事都把目标锁定在取得最优的结果。如今的李婧翌仍然保持着这种自信和活力，仿佛在科研事业上有用不完的精力。正像她自己说的，"不需要在各方面保持完美，但是在自己想追求的事情上永远可以向前一步"。

一名女性在成长中可能会听到很多质疑，然而在李婧翌的成长环境里，质疑的声音在现实面前显得尤为无力。在她的家庭里，女性长辈不仅要承担起养育全家的重担，成为家里的"顶梁柱"，而且在教育与学习方面同样不落下风。于是，聪明、自信、充满好奇心、有活力，这些形容优秀科学家的词语自然而然地成了李婧翌身上的特质。

走过了成长阶段，对世界充满更多好奇的李婧翌总是能发现新的问题，比如跟随《枪炮、病菌与钢铁》重新审视世界文明史与科技史的交融发展，从《达·芬奇传》看到人类如何在不同领域创造传奇，在《向前一步：女性，工作及领导意志》中看到其他女性如何追求自己的梦想……

家庭中浓厚的读书氛围、母亲的求学经历都为她展现出学习的乐趣

我的家庭比较开明，长辈在我小时候没有设置太多的条条框框，他们会跟我讨论很多问题，而不是强调大人说的一定是对的。我上学以前都是外婆在带我。她一直强调要读书，要从书里面学习东西，强调学习的重要性，常对我说真理是越辩越明的。这些观点对我的影响很大。

在我上初中时，我妈妈去考了在职研究生，她那时是一所中学的校长。对我来说，她是一个很好的榜样。读完硕士之后，她又接着读博士。她比她的同学年龄大很多，但还能坚持去学习。我妈妈是我终身学习的榜样，对我也有很大的激励。

了不起的女性长辈

山城的夏日闷热潮湿，到傍晚才有些凉气，李婧翌的母亲从

李婧翌和母亲于波教授

书店和图书馆抱了一摞参考书急匆匆地回家。上初中的李婧翌这才得知母亲打算报考研究生，继续读书。当时的李婧翌还没有太多想法，然而许多年之后，当回忆起来自己为什么会选择走上科研道路，她仍然清晰地记得自己上初中时的一个个傍晚，母亲在书桌旁埋头读书的身影和钢笔在纸上沙沙作响的声音。

她的母亲名叫于波，是恢复高考后的第一批大学生。大学毕业后，她原本有机会留在学校读研究生，却由于种种原因没能继续读书，而是来到中学当了一名人民教师。十多年后，已经成为中学校长的于波老师，重拾起当初的梦想，决定读教育学的在职研究生。

在李婧翌眼里，母亲的决定没有带来太多的改变。虽然同时工作、读书、照顾家庭让母亲非常忙碌，但母亲从来没有抱怨过。母亲对知识的渴求和沉浸于读书的高涨情绪，让年少的李婧翌深受触动。李婧翌第一次认识到，原来做研究可以给一个人带来如此大的满足感。

母亲的求学之路没有因为获得了硕士学位就终止，2004 年，她进入西南大学读博，2008 年获得了教育学博士学位，这一年，她刚好 50 岁。之后，在西南大学担任教授的于波老师，仍然在她热爱的教育学领域继续深耕。

母亲用研究的热情感染了李婧翌，不过母亲并不是家庭中唯一的精神支柱，在李婧翌对往昔的追忆中，第一个令她深深钦佩的人是外婆。李婧翌的外公在 1967 年去世时，家里的三个孩子，最大的还不到 10 岁，最小的也只有 4 岁。家里还有一位老人，整个家庭的生存压力瞬间都压在外婆一个人身上。

外婆在新中国成立前读了大学，毕业后当了一名医生。虽然医生的工资不算低，但要支撑起一家五口人的生活也举步维艰。医生的工作非常忙，外婆有时甚至要在医院连续工作36个小时才能回家。尽管如此困难，外婆仍然坚持让孩子们读书，要求三个孩子考上大学。那个年代的大学生少之又少，在有的孩子第一次高考没有考上本科，只能去大专时，她都一再坚持让孩子再考一次。

"我家里好像一直是女性作为家庭的顶梁柱，在支撑一个家。"李婧翌又回想到老一辈的故事时，不乏感慨地说道，"我外公的妈妈也是如此。外公的爸爸当年在河北抗日的时候被日军杀害，她一个人拉扯我外公兄弟二人长大。"

在这个家族中，一代代口耳相传的女性故事构成了家族史。她们既像一篇篇史诗里的英雄人物，又像一个个历史故事里站在英雄后面被人忽略的角色，她们见证了别人的传奇，也在塑造了不起的女性传奇。

还处在萌芽阶段的生物学，让她有更多探索大问题的机会

我自己从小读书比较顺利，从学习中感受到了很多乐趣，获得了正反馈。我觉得学习是一件有趣的事，科研最能吸引我的是它允许我终身学习，而不是读完书之后只用已有的知识做一些事情。同时，科研工作可以满足我的很多好奇心，它允许我在时间充裕时，学习一些当下用不到的东西，这些东西可能在未来某一天能有用处。

中学时，在我决定未来做科研工作后，我开始考虑哪个学科的大问题更多。生物在我看来还仅仅在起步阶段，跟其他学科相比，肯定有更多未

知问题。虽然分子生物学也有几十年历史，但是相比更加传统的数理化学科，生物学还在一个萌芽的阶段。就像当年研究天体物理学的人观察记录行星轨迹，然后总结规律，很多时候我们做的事情还处在那个阶段。我觉得如果从事生物科学的研究，有意思的问题和大问题会更多一些。

进入清华大学，她发现了自己对数学的兴趣

我 2003 年进入清华时，现在的生物系当时还叫生物科学与技术系。当时比较特殊，杨振宁先生在前一年回到清华，对理学院进行了改革，要求学习数理化生的学生在本科前两年学习理科综合基础课，先把理论基础打好。我们前两年学的生物专业课挺少的，但是我自己很喜欢这种方式，这也是我当时很愿意去清华生物系的一个原因。

我当时很喜欢大学里的数学课，觉得上起来比较有乐趣。数学和生物不同，它是一个传统学科，教材和理论都比较规范，老师教授的东西是一步一步的，逻辑很清晰，很多东西都有绝对的对与错。生物是迅速发展的前沿学科，教材里很多知识可能过几年都要更新，知识相对碎片化，很多内容我自己读书就能学会，但是数学更需要在课堂上通过做作业做题来掌握。在本科阶段，我在数学课的收获更大一些。

认清自己的优势后，她决定用计算分析的手段在生物领域开辟出新方向

其实我本科在分子生物学、细胞生物学等传统实验室做过实验。当时生物系几乎没有老师做计算。我还是想先从主流的实验做起，了解生物研究最主要的内容。实验的随机性很大，很多时候你不知道为什么没有做出

来结果，可能是因为最开始的操作不熟练，或者实验环境有什么问题。相比之下，计算分析更容易一点，我写好程序后，可以去检查代码，发现哪里有问题。这一阶段，我逐渐意识到自己更加喜欢计算。

我发现自己对计算感兴趣之后，我认为以后做生物研究，可以从定量的角度来分析。现在的生物基本以实验为主，计算分析是生物学里非常小众的领域，但是我在这方面更加有优势，从计算的手段去研究也能够成为我的亮点，同时我可以去与做实验的生物学家合作。而且做实验的人才很多，竞争很激烈，计算方向当时还是一块荒地，能够提供更多机会。

不过我在本科期间没有考虑过转专业，首先是因为生物专业那时还有一些光环，清华生物系转出去的同学比较少，学得好的更不会转出去。我自己也意识到，数学和统计领域的人才非常多，这些传统学科的竞争会比交叉学科激烈。最重要的是，生物领域里有更多可以研究的问题，我们有可能成为第一个回答这些问题的人。我自己是一个兴趣比较广泛、好奇心

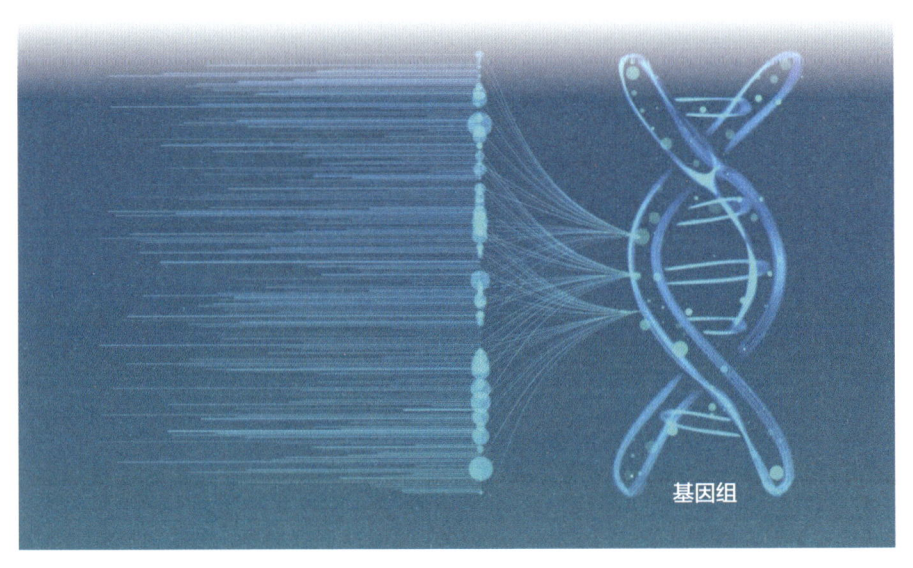

大基因组数据可视化
图片来源：视觉中国

也比较多的人，会更容易被新的问题吸引，而这在传统学科里几乎不可能，我只能在很小的分支继续耕耘。

博士期间，刚开始面对难以理解的讲座，她定下了一个小目标

我本科毕业后申请到加州大学伯克利分校读博士，这所院校的统计系非常好，系里会邀请顶尖统计学家开展讲座。教授们无论多么资深，都会尽量去听讲座，每次会场都坐得满满当当，这对我是一种激励。我会用听讲座的方法打开视野，虽然统计系的很多讲座主题和我的研究方向不一致，但大家做研究的思路是相通的。如果我要用新的方法，也必须打开思路去看看外面有什么，否则只能在小领域的细枝末节上做一些修补。

最开始听报告，我最多能听懂五分之一，只能明白背景介绍部分。于是，我给自己设立了一个目标——每一场报告尽量提出一个问题。虽然我不一定有机会举手提问，但我会在心里揣摩出问题，这有助于我专心听完讲座。渐渐地，我能听懂的内容越来越多，很明确感受到自己在进步。

快速、广泛的阅读是她最重要的秘诀

做研究的时候，我读了很多论文。我觉得初学者首先需要通过广泛地阅读论文获得比较大的视野，了解每一个技术的发展脉络，然后才有可能在遇到新问题时，知道是否需要创造新方法。从而避免重复前人的工作，也更容易开创新方向。最后，再去找一个方向精读。

读论文不能像读教科书一样去精读。我们不需要逐字逐句地阅读，而

是应该快速理解一篇文章的重点，再跟踪新的文献，了解这个领域的最新进展是什么，才能锁定自己想研究的问题，并且思考能不能做一些新的尝试。研究生可以很好地利用社交网络和搜索引擎随时跟踪最新的文献，了解自己的新想法有没有被前人发表。只有遇到研究课题真正需要用到的论文，才需要去精读，把细节弄明白。快速阅读的能力应该从本科阶段就培养起来。

与此同时，阅读文献的重点是思考，需要总结论文的要点并将其融合进自己的知识体系。否则阅读的论文越多，就越会产生一种没有问题可做的错觉。这也就是《论语》中的"学而不思则罔，思而不学则殆"。

工作这些年我也会一直坚持去阅读不同方向的论文，而不只局限在我研究的方向，很多时候其实灵感就来自不同方向的交叉，把前人想到的方法用在新的问题上。

做研究的李婧翌

尽管投稿过程不顺利，她仍然坚信研究的价值

整体来看，我的研究过程是非常顺利的，然而中间也免不了会遇到一些小挫折，比如我现在仍在尝试发表我博士时期开始做的一个课题。我从2019年开始投稿就遇到了各种问题，有的时候是审稿人没有读懂我们的意思，或者没有看到这项研究的价值。于是，我们收到了各种拒稿理由，我们也改了无数遍稿件。现在虽然终于有编辑没有直接拒稿，但文章还要大改。

这个研究的发表周期是最长的。虽然付出的精力和回报有点儿不成正比，但是我自己认可它的价值，还是希望发到一个关注度高的杂志上。一些发表得很顺利的热门课题，其本身的重要性受到大家普遍认可，而研究不那么热门的课题是我自己想做的方向，由于可能别人不一定认可它的价值，往往更难发表。

这些年有一些相关的新成果发表了，我会将新发现加进来和这篇论文里的方法比较，体现二者的不同。即使别人发表了新的成果，我的东西也还有一定优势。不仅如此，这些发现本身也可以给我带来快乐。

教职不是研究的终点，反而意味着更多的挑战

当老师初期有一个难点是要给文章把关，需要知道一篇文章够不够投稿水平。博士期间我的导师能帮我进行最后的把关，而且博士到了后期主要是做研究，偶尔做助教。当老师之后，我需要同时平衡教学任务和科研任务，还要申请基金来确保研究能有足够的资金，并且要参与一些服务性质的工作，比如参加系里的委员会、录取学生、招聘同事。如何去平衡自己的时间，把事情分配好，是转变身份后需要面对的挑战。

李婧翌的博士毕业留影

我比较擅长处理多个任务，能在多个任务之间很快地切换，明确哪项任务需要花更多精力，确定每项任务的优先级。我会尽量留出完整的时间来做最费脑力的事情，比如写文章等。做这些事情的时候保持头脑清醒也能够大大提高效率。

带领学生做科研我也是慢慢才上手的，最开始我碰到了很优秀的学生，但后来我发现不是每一个学生最后都可能在科研上成功。首先要看学生适不适合我的研究方向，对这个方向感不感兴趣，对科研感不感兴趣。我逐渐学到招学生要很谨慎，先和学生相互磨合，比如让学生先尝试一个简单的课题，再决定要不要继续朝着相关方向做科研。

平等坦诚的交流是师生关系中极为重要的一环

我的第一个学生李维目睹了我当助理教授的整个过程，看到了我怎么去写经费申请，拿到第一笔经费，实验室怎么发出第一篇以我为通讯作者的文章。这对她自己独立做科研很有帮助，而且她独立之后工作也很顺利，两年就申请到很丰厚的经费，文章也发得很好。学生如果在博士期间参与了很多实验室的工作，会对教授这个职业有更多基于现实的了解，而不只是一个想象，一定程度上也会有利于后面发展。

很多博士生可能不习惯跟导师交流，不敢发表不同的见解，因为这样会显得更听话。导师由于一些工作压力也可能无法给学生提供很大的发挥空间。我自己觉得做科研最理想的状态是大家没有那么大的压力，可以去想一些重要的问题。之前我听说过英国的一些实验室还维持着很老派的风格。每个实验室很小，有些老师都自己去做实验，沿袭了师徒传承的制度。我觉得这种老派的风格挺可贵的，虽然英国的学术产量肯定比美国低很多，但是时不时会有一些高质量的研究。这种高质量的研究需要轻松的

李婧翌课题组的组会

李婧翌（左四）和学生

研究环境，而不是比拼产量。

我作为导师，希望学生能够与自己平等交流，相互之间有更多的坦诚，哪怕学生不同意我的观点，或者我有时候觉得学生的想法不合适，但是长期来看这些争论是好事，我也可以从学生身上学到很多东西。我把学生视作同一个团队的合作者，而不是我的下级，我们是朝着一个共同的目标去努力的。

真正适合做研究的人，在认清科研的真相后依然热爱科研

现在的学生不会像我们当时似的，被生物专业的光环吸引就一窝蜂进来。他们会搜集更多的信息，了解每个学科的就业前景，根据自己的需求选择专业。这是一件好事。近几年计算机行业确实发展得很快，提供了很多工作岗位，而生物专业的工作吸纳不了那么多人，大学也没有那么多教职岗位，也不是每一个人都适合做科研。大家面对着不同的现实，在人生选择中都要考虑自己的优先级是什么。

我作为大学老师，会给学生所有的信息，让学生去判断自己的偏好和需求。我希望学生知道，选择科研的出路是什么，成功的概率有多大，如果想要成功，一个人需要做到哪些，包括简历要达到什么的程度，才有可能在学术界找到教职。科研道路本身很漫长，也很艰难，如果一个学生知道了前面的种种困难，还愿意坚持，那可能更适合做科研。

我认为做科研和做艺术有一定的相似处。我们都知道一个人去学弹钢琴或者学跳舞，成名的难度非常大。虽然做科研的难度没有那么大，但是很多基础理论研究不创造短期的实用价值，需要靠政府的基金项目或者私人的学术基金会来投资，会存在很大的随机性。正因为科研的"性价比"很低，只有当一个人真正喜欢科研本身，比如能从发现和探索的过程中获

李婧翌（右）和学生李维

李婧翌和学生孙天毅

得乐趣和成就感，而不是只关注功利的成果，才能够坚持下去。

用"瓜子理论"拆解任务，逐渐累积的成就感能让一个人在科研的道路上走得更远

刚刚做教授的老师和刚刚做研究的同学，不要把目标定得太高，不要想刚开始就能够在顶级期刊发论文，可以一步一步来，先做容易一点的课题，发"小"一点儿的文章，把它作为一个训练来学会学术写作，获得一点儿小的成就感，再支持自己慢慢做下去，越做越好。当然这样做的前提是工作的质量得是过硬的，所谓文章的"小"指的是规模和创新度，而不是质量。

我看过一个有意思的说法，讲的是一个人吃瓜子很容易一直吃下去，但是如果读一本很厚的书就很难读下去，原因是吃瓜子能获得即时的反馈。玩游戏也是这样，很多游戏的设计不仅要给玩家计分，还要给玩家奖赏。可是一个人看书时，可能几乎看完了才能有收获。我们的天性让我们不太容易坚持做回报周期比较长的事情。

在研究中，小的成就感往往来自我跟学生的交流以及我跟合作者的交流。如果学生跟我交流后，课题有一点点小进展，我的鼓励对学生来说就是一个正反馈，让他更容易继续往下走。我跟合作者也一样，我们可以相互给对方反馈进展或者提醒对方进行到哪一步了，帮助我们厘清方向。通过相互的鼓励和支持，我们能获得更多正向反馈，这对我的科研生活很重要。

生物统计学

生物统计学用数理统计的方法原理，分析解释生物界现象及资料。早期的生物统计被用来研究人口问题、遗传学问题和农业问题，比如现代统计科学的奠基人罗纳德·费希尔（Ronald Aylmer Fisher）用统计模型研究亲属之间的相关性，给孟德尔遗传定律提供了数据支持。

进入信息时代，计算软件强大丰富的分析能力、生物实验提供的大量数据，让生物统计学有了更多可能，研究范围涉及农业科学、公共卫生、临床试验、流行病研究、疾病控制等领域。近两年，随着不少医药公司的崛起和生物经济的突飞猛进，大量临床试验需要进入量化研究阶段，获得更可靠的结论，生物统计分析学家越发受到人们重视。

在生命科学基础研究领域，基本统计方法的引入能够提高结果的科学性与透明度，增加实验的可重复性，有助于研究者更深入理解数据测量的随机性和数据噪声。自从人类基因组被破解，基因组学等基础研究飞速发展，人类渴望进一步了解生命密码。然而，从基因到蛋白质，再到人体表现出来的特征，每一个环节都需要确认各个因素的影响程度，严格的统计学数据分析变得尤为重要。

如今，李婧翌团队正在针对这些前沿的生物学问题开发更透明、更稳定的统计学方法，让生命科学领域研究人员能够对大规模基因组和转录组数据进行定量化的数学分析，得到更可靠的结论。

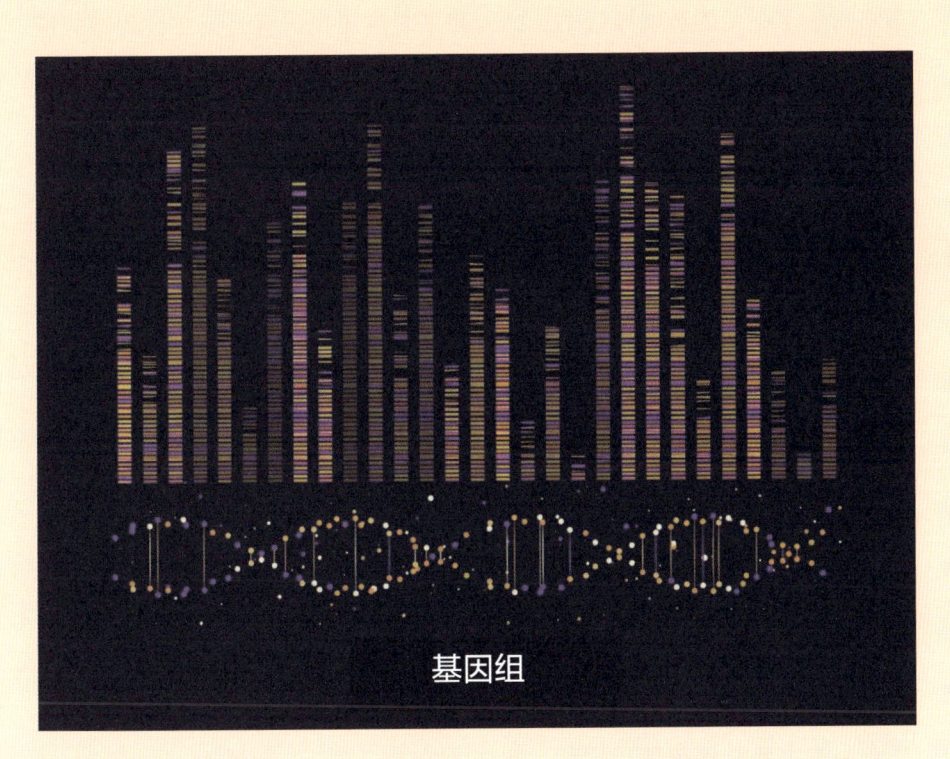

大基因组数据可视化
图片来源：视觉中国

> **书里广博的世界吸引着她，让她的眼界更加开阔，音乐则是她心情的一味调节剂**

我平时最喜欢听音乐和读书，运动方面我喜欢爬山和练瑜伽，也会看一些评价比较好的电影，比如获得奥斯卡提名的电影。近些年来我看了很多与学术无关的英文原版书，因为我平时的工作语言是英文，我做的任何东西都需要用英语表达出来，这些遣词造句很好的英文读物，哪怕和我的专业无关，也会提高我的英文表达能力。之后我写英文会更像用母语写作，不需要考虑很多语言问题，只需要考虑表达什么想法。因此，我一直保持看英文书的习惯，毕竟当一门语言成为我生活的一部分，我才可能真正掌握它。

我看的大部分书是叙事相对宏大的，或者和科学史有关，比如有一本讲癌症的书，给大众科普癌症是怎么回事。虽然医学知识和我的研究有点儿关系，但是里面很多细节我也不清楚，读这类书能让我有新的发现。还有传记，像《乔布斯传》《达·芬奇传》，我能从这些故事中了解到他们的生活。我之前看过一本统计学领域奠基人罗纳德·费希尔的传记 *R.A. Fisher: The Life of a Scientist*。费希尔在统计和遗传界都被奉为鼻祖，他有很多颇具开创性的想法。传记是他女儿写的，把他的故事写得很有意思。还有一本书我觉得很值得推荐，叫作《枪炮、病菌与钢铁》，是很多人推荐给我的书，是加利福尼亚大学洛杉矶分校医学院一位教授写的。他提出了形成历史的环境地理因素，这本书是一部关于全世界各民族的历史的书，我们可以从中看到为什么人类的文明会如此多元化。这类非虚构小说和偏学术的科普书现在对我很有吸引力。

看这些书对我的帮助还是提升眼界，我与别人聊天时可以有更多能讨论的问题。当我把手头工作做完后，这些知识可能促使我想一些更大的研究课题，宏观地审视我的研究要往哪个方向发展，而不是局限在发文章上面。很有意思的是，在美国找教职时这也能带来隐形的好处。像我当年找工作，除了要讲一小时的报告，还有一个环节是我需要跟系里的老师一对一聊天，通常要聊至少半个小时。这段时间我要让别人了解我，我也要了解这个系，里面很多老师做的方向区别很大。两个人怎么聊起来、怎么找到共同点都是一种考验。我猜想这时候一个人知识的广度和眼界可能会有一些作用。如果别人认为我是一个很好交流又有趣的人，会更愿意把我招进来做同事，这些恰好是简历反映不出来的东西。

我的经历和感受就像古人说的，"踏破铁鞋无觅处，得来全不费工夫"和"山重水复疑无路，柳暗花明又一村"。当一个人把目标局限在要去优化一件具体的事情上，有可能会事与愿违，如果去发展综合能力，把眼界放宽一点点，可能会有更意想不到的收获。

音乐更多是在工作之余调节心情，比如有时候我的文章被拒稿，或者经费没有申请到，我心里会很沮丧，也有可能觉得不公平，不认可评审人的意见，这时我听一听自己喜欢的音乐，会觉得情绪不那么低落了。听音乐是一个能直接让我振奋起来的方式，我听的内容也很广泛，从流行到古典，听什么一般都取决于我在做什么。我如果在写文章，可能会放古典音乐，没有歌词的曲调不会打扰我，能让我静下心来写东西。如果我在做饭或者吃饭，想让自己更开心点儿，可能会听一些流行的、更有动感的音乐。

每个人都可以选择不同的生活模式，对她来说，婚姻和爱情是奢侈品而非必需品

坦率地说，在婚恋这件事上我不符合世俗意义的成功，也不是一个

李婧翌在哈佛大学拉德克利夫研究所图书馆

"正面"的例子，我更倾向于顺其自然。当然我回顾过往，总是从积极的角度去看自己的收获。比如说我可以观察到人与人的区别，意识到我的想法不一定都是对的。我更年轻的时候，想法更加主观，不接受不同的观点，但我后来觉得不同的观点都可以共存，这让我对人更宽容，也有助于我与别人合作或者带学生，这是情感经历对我最大的改变。

很多人认为婚姻和孩子对女性是很重要的，但是我想说我们应该把选择权交给女性。每个人的想法和性格都不同，如果一个女生喜欢把家里照顾得很好，把孩子养育得很好，这是她的选择；另一个女生可能觉得这些不是她想要的，她更喜欢发展事业，这也未尝不可。其实到了高中以后，我去了解同学们不同的想法，发现不同的人可以如此不一样，我们不一定要定义什么样的人生是成功的。我的同学里面，有人现在还没有结婚，也有的人孩子已经上小学了，大家的选择千差万别。

我会把婚姻和爱情看成奢侈品，我觉得好的婚姻比好的事业更难，因为婚姻是两个人的事情，我只能做出一半的贡献，而事业相对更好掌控。我理解有人把婚姻看成必需品，能从中获得更多的安全感。不管事业还是婚姻，都是我们人生的经历。只要这仅有一次的人生旅程走到最后，我们不会感到后悔就好。我没有想要达到世俗意义上的完美，良好的婚恋关系不是我的必需品，没有反而会比较轻松，我对此看得比较开。

我还听过一个很有意思的说法，是说现在的人寿命更长，很多地方的人均寿命接近90岁，如果你选择婚姻，并且相信你们能走完一辈子，那么你还愿不愿意跟他在一起那么多年。确实，现在人的寿命越来越长，生活的区域范围也在扩大，随着时间流逝，人的变化也会非常大。我觉得婚姻的形式肯定会慢慢适应这个现实。

家庭其他关系也是如此，包括妈妈与孩子的关系，传统观点认为妈妈天生要爱孩子，为孩子多做奉献。但我觉得每一个妈妈也不一样，有的妈

李婧翌在加利福尼亚州立大学洛杉矶分校校园

妈愿意为孩子成长全身心去奉献，有的妈妈还是愿意发展自己的事业，孩子只是她生活的一部分，我的妈妈就是后者。每个家庭、每个人都可以完全采取不一样的模式。

平等的两性关系需要双方都懂得对方的价值，她还希望女生可以更主动思考自己的追求

两性关系是社会价值观的一种反映，我希望更多男性懂得去欣赏优秀的女性。很多男性的择偶标准里面没有女性是否优秀这一条，他们更希望找一个温顺、听话、漂亮的，能够把男性照顾好的女性。这种择偶观本身是从功用的角度出发的，而不是按照寻找伴侣的角度。一对平等的伴侣，肯定是能够相互交流的，双方的思想水平应该是相当的，两个人应当齐头并进。很不幸的是，目前很多男性没有想过他的配偶要和他平等，那么他又怎么可能在乎配偶的职业发展呢？

平等的关系应当是双方同样优秀，每个人有自己的发展，也希望对方能有好的发展，两个人互相体谅，一起承担家里琐碎的家务和带孩子的任务。两个人一定要共同为这个小家庭贡献力量。

我认为如果两个人组建了自己的新家庭，要把新家庭摆到第一位，不要让原生家庭过多介入进来，不要让父母管控这个新家，因为很多矛盾来自上一辈和下一辈之间想法的隔阂。

在一段关系里面，女性应该主动去思考自己希望拥有什么状态。女性周围有太多的声音在告诉你应该怎么做，只有你自己确定了什么是最重要的，什么是可以放弃或者以后再考虑的，才能在外界声音与自我追求产生冲突时，知道怎么去选择。然后两个人再坦诚地交流，才会知道双方的想法是否一致，怎么去解决可能发生的冲突。

她从吴健雄、林希虹等前辈的故事中获得启迪，又以此启发学生

现在虽然女性科学家的数量还远远少于男性，但是统计数据只代表历史，从趋势来看，女性科学家肯定是变多了。其实一些大学招收女生的历史，可能都不到 100 年，女性接受高等教育的历史本来就很短，可是在很短的历史内涌现出来了很多优秀的人才。

例如中国的物理学家吴健雄，在战争年代出国去学习物理，对于当时的女性来说，这是具有颠覆性和突破性的做法。我今年读到她孙女纪念她的文章，写得很平实，文中没有去刻意美化吴健雄，我们可以从文中看到吴健雄是一个有血有肉的很真实的人，她在科研上非常投入和执着，但她也有缺点，比如她对儿子的照顾就不如别的妈妈，她儿子很小就去读寄宿学校。她儿子还曾经在家里没有吃的，给妈妈打电话，结果妈妈还在实验室做实验。还有她过于严厉，实验室的学生给她取了外号叫"dragon lady"（女强人），这些都体现出她的不完美，但是同时表现出她是一个真实的人，而不是被神化了的一个形象。我特别希望我的学生知道，每一个选择都是有代价的，一个人不可能什么都拥有，不可能面面俱到，当我们放弃对完美的幻想，才知道我们最需要的是什么。

我还接触过科研领域里一位知名的科学家林希虹老师，她在哈佛大学生物统计系任教。在一次讲座上她曾经说："各位要这么想，当你的文章投出去，那些读你的文章并给出意见的审稿人，他们又没有收你的钱，他们是在免费帮你看稿子。有人愿意来为你的科研成果提出改进意见，你应该很感激，哪怕文章被拒了，还是要从里面看到正面的意见，来让自己做得更好，不要觉得那些意见是对你的科研成果或你个人的否定。"这番话让我铭记于心，做科研的人肯定需要更强的抗打击能力，不要把别人的意见当成一种否定，而要尽量从中看到一些建设性的东西。

李婧翌（左二）和学生

直面婚姻失败的女性

2014年，李婧翌作为加州大学洛杉矶分校统计系唯一的女教授，受邀参加了一场女性统计学家的会议（Woman in Statistics）。尽管她在成长过程中见识到不少了不起的女性，然而，会议上的一场报告仍然深深吸引了她，让她在后来提起时不无赞叹地说："她恐怕是美国第一位女院士，现在已经92岁了，她的成长经历让我至今都铭记于心。"

让李婧翌如此深感震撼的是威斯康星大学统计学系的院士格雷丝·瓦巴（Grace Wahba），这位生于20世纪二三十年代的老人，在会议上将她的传奇经历娓娓道来。

格雷丝当年在康奈尔大学数学专业读本科的时候，是班上唯一一个女生，那时候康奈尔大学虽然已经开始招收女学生了，但是会给每个女生分配一个类似于保姆的老师进行看管，负责带她去上课、把她送回宿舍，以便尽可能减少和男生的接触。

格雷丝上大学的时候大约是20世纪五十年代，那时大家都认为女生学数学是一件很奇怪的事情，但她仍然坚持学下去。后来，她本科毕业后就结婚了，婚后她和丈夫搬到西雅图，并且生了一个儿子。此时，读博士的想法在她心里扎下根，她很快申请到斯坦福大学的统计专业博士项目，兴致勃勃地准备在统计学领域深造。然而，她的丈夫并不支持，并且以照看孩子为理由要求她留在家里。看着年仅一岁的小婴儿，她毅然决然地做出离婚的决定，带着她的儿子去读了博士。

那个时代，格雷丝的决定没有得到周围任何人的支持。可她用实际行动证明，单亲妈妈带出来的孩子不比别人家的孩子差，她的儿子后来事业很成功，在硅谷成了亿万富翁。格雷丝博士毕业后找到教职，就去了威斯康星大学的统计系，学校里的女性少之又少，她再一次用行动证明，女性做研究一样可以做得很好。

随后，格雷丝和学校里一位男教授结婚组建了家庭。但在第二段婚姻关系中，由于她在学术领域做得越来越好，知名度越来越高，经常收到邀请，需要到处参加讲座，那位男教授心里开始有些不平衡，有时会抱怨说，为什么收到邀请的都是妻子，自己却要每天待在家里。于是，她又终止了这段婚姻关系。

几十年过去，格雷丝现在的丈夫比她小了快20岁，两个人在一起30多年，感情一直很好。在最后的这段感情中，两个人在一起很多年，但一直没有结婚，直到他们在一起整整30年后，才去登记成为夫妻。

格雷丝的人生经历是一个太偏离传统观念的女性传奇故事。现在她依旧把自己的生活经营得很好。最让人佩服的是，她如今仍然在跑马拉松。在会议上，格雷丝颇有些骄傲地说："在我们那个地区的比赛里，我的年龄组只有我一个人参赛，已经没有人和我竞争了，所以只要参加比赛就能拿到金牌。"

> 听完台上这位院士的故事，李婧翌被她的坦诚深深地折服。这位内心自信且强大的优秀女性虽然不符合传统对优秀女性定义，但是她在事业上的成功，让女孩看到了生活更多的可能性，让大家有机会去思考自己想成为什么样的人。

学术界的性别差异让她感到惊讶，她同时注意到学校为了减少偏见做出的努力

我很惊讶于在大学统计系招聘教授的时候，申请者的男女比例如此悬殊，达到了 7∶1，在生物专业大概是 5∶1。相比于博士阶段最高 2∶1 的男女比例，不难发现很多女性读完了博士可能不会考虑把学术研究作为自己的职业，包括我认识的一位非常优秀的师姐也是如此。我们经常可以看到，一对夫妻里面丈夫做独立教授，妻子做实验员或者负责行政工作，很少有相反的情况。我有时在想，大家组建家庭之后，大多数人还是会遵循传统模式，女性以家庭为重，男性以事业为重。但不是所有女性都愿意按照传统模式来生活，我们需要给女性选择的空间。对于不遵循传统、想要选择事业的女性，社会应该给予鼓励，就像大家鼓励男性选择事业一样。女性自己需要坚定内心的想法，配偶更需要理解和支持。

个人的选择除了会受到传统家庭模式影响，薪资也是一大影响因素。例如美国在聘请教授的时候，每个人的薪水都是不一样的，我们很难判定社会固有印象会不会对女性薪水有影响。学校每一次招聘前都会对参与评审的老师进行培训，指导我们如何避免产生偏见，平等看待不同群体，尤其是来自不同文化背景的人。

我还了解到，美国有一些大学会给男教授和女教授放一样的产假，无论男性还是女性，孩子出生都可以一年不教课，这才有可能让男教授更多地参与育儿过程。对生孩子的女性，项目基金的考核期也可以适当延长，这些都让女性感觉到自己是被支持的，不会因为育儿而被歧视。

李婧翌在哈佛大学拉德克利夫研究所

回想学生时代的经历，她发现了教育中可能存在的性别差异

我能很明显感觉到女生普遍没有男生自信。当我们在进行一些讨论时，男生往往发言更积极，女生更安静，她们会顾虑他人的想法，不太愿意把自己的观点说出来。有时这种不自信会导致女生更容易怀疑自己的能力，产生挫败感。

我观察男生通常没有不自信的这类情况，我也很少出现类似状态，我猜测这可能和家庭教育有关系。我妈妈在我小时候总是用鼓励式的话语引导我，从来不会像很多其他家长一样，和别的孩子攀比来打击我。她总会说某个人很优秀，她相信我也会很优秀。

小时候我经常听同学的家长说，女孩子小时候成绩好，到了中学就不如男同学了。一些女同学会因此怀疑自己，害怕以后变得不优秀了，或者会觉得女生优秀只是暂时的。我家人对这种话向来嗤之以鼻，会反驳说这句话根本就没有道理，男生和女生都一样优秀。

有的女生甚至会觉得自己优秀只是因为刻苦，等男生知道刻苦学习了，就会赶超。事实上，刻苦本身就是一个优势。我妈妈当老师时，经常遇到别人说某个孩子很聪明，只是不刻苦学习，否则成绩肯定会很好，这时她会说："他如果连刻苦都不知道，还能叫聪明吗？"其实无论男女，想长期做好任何一件事情，不刻苦是不可能的，没有人能仅仅凭借聪明做好一件事。尤其是做科研，更需要刻苦地查文献、追踪前沿进展，才能知道别人做了什么。

男性从小受到的教育还教会他们不要怕苦、要坚强。很多父母在教育女生时，却把她们养在温室里，没有教会她们不惧挫折。然而，每个人都必须经历一番困难和磨炼，才有可能获得成功，父母这种宠爱式的教育也许耽误了女儿实现她自己的人生价值。

> 她希望女性主动承担领导者的角色,让人们看到更多女性榜样的力量。

我最近在推特上看到一些会议报告,如果报告者全是男性,大家会站出来批评。然而,反过来想,如果组织者害怕被批评,随便找了一位女性来充数,更是对女性群体的贬低,久而久之,大家会轻视女性群体的水平。我觉得在学术界,女性还是要主动参与学术会议,主动进入评审委员会,主动承担领导者的角色。当更多女性科研工作者、女性领导者在公众场合露面,才能带动女性群体。

女性榜样的力量是无穷的,我自己见过一些很成功的女科学家,其中有生育了孩子的,我非常佩服她们可以把生活和工作平衡得很好,但我也可以想象她们带孩子肯定不能像很多全职妈妈那么仔细。所以,我觉得在养孩子这件事情可能也不必过于教条、过于精细。不然很多妈妈会觉得,如果我没有时时刻刻注意到孩子,自己就是一个不称职的妈妈。可能平日的吃穿用度对孩子没有太大的影响,如果孩子能看到父母都非常努力地在工作,为了自己的理想发光发热,那么他会受到感染,将来会成为和父母一样努力的人。

李婧翌在哈佛大学拉德克利夫研究所

她想对你说：

女生要拥有强大的实力，很多时候我们敢于做某些选择，是因为实力够强，比如婚姻不顺利的时候能够选择离婚的女性，是因为她们在精神、身体、经济层面都拥有独自抚养孩子的能力。当我们处在有时间提升自我的年纪，要尽可能地去提高，要让自己的发展变得更加全面，这种提升包括知识层面和身体层面。有一个好身体，我们才能有精力面对很多困难；读一些高质量的书，拓宽自己的知识面，可以帮助我们想明白自己想要什么。

我认为教育最重要的目的就在于此，它能帮助每个人更好地认清自己，而不是只教会我们知识和技能。其实人生是一个不断学习的过程，每个人都可以通过终身学习创造出无数种可能性，大家并不是在大学毕业后就彻底定型了。所以，不要给自己设置太多条条框框，当你的实力逐渐增强时，你面临的选择自然也会增多。

我认识的两名女生都读了两个博士，她们的故事对我有很大的激励。一般人读一个博士就非常不容易了，尽管她们没有我这么顺利，她们的科研经历充满了坎坷，但她们还是坚持了下去，最后都找到了教职。我很钦佩这类人，她们对于喜欢的事情就会努力去做，无论期间可能要经历多少磨难，总要先努力奋斗一次。每个女孩子都可以多提醒自己：我是可以的。不要先说我不行，万事总要先尝试一次。

做科研的过程中会存在非常多的失败，想进入科研领域的女生要有很强的抗压能力。对于很多课题，你一开始的想法可能不见得正确，当你做了一些尝试，发现它不行，就得转变方向。但是不要把这种失败看得太重要，你并不是一无所获，你之前读过的文献肯定没有白读，

她想对你说：

它已经变成你的知识，你也知道了哪个方向是行不通的。科研是一条蜿蜒曲折的路，需要你来探索每一步该怎么走，每一步都有陷入泥潭的可能。我们需要提高心理承受能力，接受这种失败和不确定性。

第五章

唐静：不忘初心，在挑战中前行

唐静在哈佛医学院留影

相信不少人童年时期都读过《假如给我三天光明》，并从中了解到盲人的生活。如今在材料领域，一群人正在致力于将海伦·凯勒的梦想变成现实，用科技的力量帮助盲人真正重获光明。2018年，一篇发表在《自然通讯》上的论文表明，新研究的人工光感受器可以让失明小鼠恢复视觉，这给材料界和医疗领域带来了新的希望。

那篇论文的第一作者唐静，祖籍安徽凤阳，成长于苏州太仓，在复旦大学获得博士学位。唐静本科和硕士专业都是生物学，研究用于肿瘤治疗的药物载体设计。不过在研究过程中，她发现化学和材料知识能够促进解决重大疾病难题，于是，她选择在博士阶段攻读化学材料领域。

博士期间，在一次学术会议上，一篇关于视网膜退行性疾病的报告开拓了唐静的思路。视网膜是眼部的感光组织，能把光信号转变为神经信号，传递给大脑。视网膜的感光细胞损伤或退变会影响视力，甚至导致失明，由于细胞不能自行修复，目前还没有良好的疗法，常见的黄斑变性就是一类视网膜退行性疾病。如何借助人工方法恢复视网膜的感光能力，成了神经科学和临床医学面临的大难题。

正在研究光敏传感器的唐静开始思考能否用先进科技材料制造人工光感受器，替代视网膜中受损的细胞，并且将设备做得尽可能简单，不需要额外植入处理器，就能恢复肉眼的正常功能。历经近六年的时间，在 2018 年，她的研究成果终于发表在了期刊上。她和研究团队研发的感光器运用了纳米线阵列，让失明小鼠视网膜中留存的细胞恢复了对绿色、蓝色和近紫外光的反应，对光的敏感度、空间分辨率都接近正常小鼠，这表明小鼠的视觉已经恢复。

唐静研究的人工光感受器，除了结构上与人体组织相似，适用于植入人体，分辨率比肉眼更强，能够提供更强的感光度和灵敏度，不过，距离临床应用还有很长的路要走。

获得博士学位后，唐静在同一年获得麻省理工学院科赫综合癌症所研究院、哈佛大学医学院的博士后岗位聘用，随后她加入斯坦福大学材料化学家、美国科学院院士崔屹教授课题组担任博士后研究员和项目科学家，同时她也是加州大学伯克利分校杰弗瑞·莱默（Jeffrey A. Reimer）实验室的访问博士后研究员。2020 年，她入选了《麻省理工科技评论》"35 岁以下科技创新 35 人"中国名单。

随着她对不同材料的研究愈发深入，如今，她也正在研究结合光、电、磁和超声等刺激，依据不同场景应用合适的生物材料和光电材料，用更合适的药物释放载体来尝试治疗视网膜退行性疾病。不断在材料化学生物交叉领域深耕，踏踏实实建立扎实的知识体系和科研方法，是她一直以来的的奋斗目标。

唐静从小就希望自己能够在大学当一名造福人类的科学家。如今，唐静达成了愿望实现的第一步，她于 2024 年正式入职密西根大学（University of Michigan）工程学院，成为一名助理教授，她的研究方向包括碳捕获、利用和封存，电池，催化和生物电子学。

畅想未来，唐静相信自己会将所学知识和科研方法传授给新一代学生和学者，在一代代研究者的持续努力下，让新的技术被应用到生活中，做到真正地改善人类的生活。

在读博期间的寒暑假，唐静基本上从早到晚都会泡在实验动物房，学

视网膜细胞

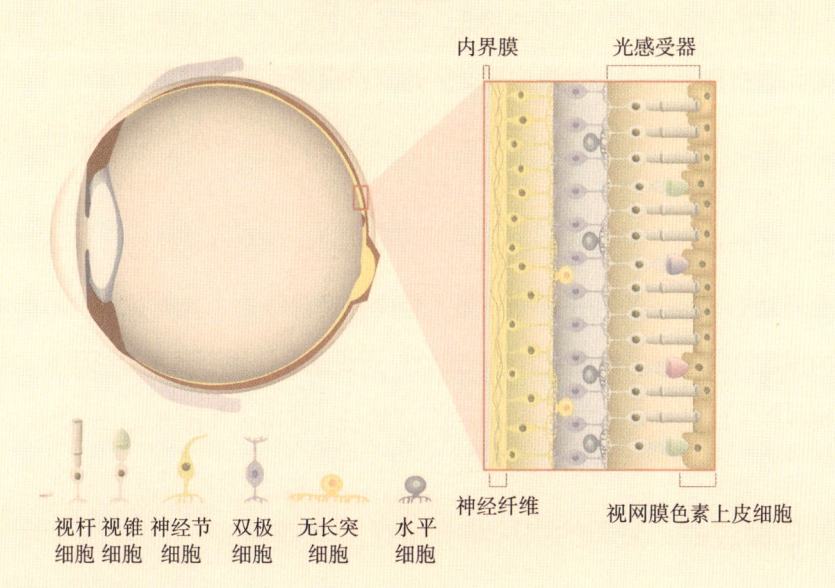

视网膜上的感光细胞
图片来源：视觉中国

唐静在麻省理工学院科赫综合癌症研究所留影

习从胎鼠的大脑里取出海马神经元。实验从夏天持续到冬天，当终于看到神经元在材料上长得很健康饱满时，她兴奋得差点要跳起来。

其实，唐静的研究生涯并不顺利，从选择做一项开创性的新研究开始，她就需要自己摸索出一条"从零到一"的道路。自主设计实验、尝试无数不同的材料、遭遇实验失败，再到投稿过程中的诸多挑战，所有研究者会遇到的挫折，她几乎都遇到过。但是在唐静眼中，具有挑战性与影响力的课题恰恰激发出她更大的科研热忱。正是这些让她心潮澎湃的研究，引领她找到了自己的天赋与热情，感受到了愉悦，获得了真正意义上的满足。

回顾过去，父母的引导与支持让她飞得更高

很小的时候，我就表现出对自然界和新鲜事物的好奇心，我父母也会引导我先自己找问题、找答案，让我多读书和看报纸，所以我小时候看了很多国内外名著以及《读者》《意林》《书虫》《青年文摘》等读物，梦想是长大了做一名科学家。正是这种探索发现的爱好，帮助我逐渐形成了科学的思维方法以及对科学极大的好奇心。我从小就非常独立，初中就开始住校。我父母很开明，也很睿智，一直以来非常尊重我的选择，给予我无尽的支持、帮助和鼓励，一直鼓励我要"坚韧不拔、决不放弃、永远乐观"。这么多年我先后在上海读书及出国留学多年，我有时候会将自己比作风筝，我的父母就是拽着风筝线的人。

他山之石可以攻玉，学科之间的交叉结合带给她更多有趣的发现

我本科和硕士读的专业都是生物学，研究的课题是药物设计载体用于

肿瘤治疗，当时就需要很多化学和材料的知识去解决生物学中的难题，实现这一梦想的关键在于材料和化学。那个时候，很多知识我虽然不懂，但是仍觉得很有意思。我们把药物和材料包覆在一起，就可以做出一种新的材料，当时就觉得很神奇和有趣。

我当时想本科和硕士我已经系统学习了六年半的生物学，之后更需要系统全面地学习化学和材料知识，这样可以两者交叉结合，从源头去研究怎么设计药物载体去解决重大疾病的难题。他山之石可以攻玉，所以博士阶段我就选择了材料化学作为自己的专业。两者交叉融合有很多有趣的发现，激发了自己的好奇心和科研热情，越研究就越觉得有趣和喜欢，顺从自己的内心，然后顺其自然，水到渠成。做科研要耐心地积累知识、积累经验、积累方法、积累思想，要对科研报以极大的热忱。

唐静在哈佛大学求学期间与哈佛雕像合影

在一次学术会议上,她找到了开创性的研究方向

在复旦读博期间,我选择研究人造视网膜,起因是有一次我和导师一起去青岛开学术会议,听到一场关于视网膜退行性疾病的报告。人工光感受器特别像我当时一直研究的仿生纳米线阵列光敏传感器。当时我就想着能否用材料化学的方法和工具去替代这种视网膜中的光感受器。开会回来我就查了一些文献,也和导师讨论了很多次,觉得有实现的可能性,于是我们就确定进行这项开创性的研究。

我博士期间一直在从事光敏传感器的研究。我们的光敏传感器是对外界光信号或光辐射有响应或转换功能的敏感装置,也是最常见的传感器之一。我们的光敏传感器除了帮助个人提高视力外,这项工作甚至还可以帮助创建其他仿生光敏器件,这些光电器件可以用于"广泛的技术应用"中。

人造光感受器是近年来的研究热点。科学界在探索用人工方法恢复视网膜的感光能力,但现有的一些人工光感受器设计太复杂,并且所使用的有机导电材料空间分辨率有限。此类设备有望通过与受损的视网膜进行连接,人为地将光信号转为神经信号,帮助患者重见光明。然而,此类设备却有着自身的局限——为了产生并传导信号,它们需要植入一个额外的微电子处理器,这限制了人造光感受器在体内的应用。如果能打破这一限制,无疑就能拓展此类设备的应用前景。那么,如果患者能够不借助复杂的设备而直接用肉眼看到光明的话,显然会更有利、更便捷,这是我们研究的初衷。

唐静在 2015 年波士顿的 MRS 会议上介绍她的研究成果

研究从来不会一帆风顺，面对每一步的挫折与挑战，她经历了无数个不眠之夜

我做的是从零到一的原创性研究，前面几年都是我一个人和导师一步步摸索走过来的，走过很多弯路。从材料的选择、制备、优化、修饰、测试到生物相容性和稳定性，再到测试是否适合普通细胞、癌细胞、神经元，以及普通老鼠、视网膜缺陷老鼠等，每一步都很艰辛。我在每一步都尝试了很多可能性，做了大量的实验来验证，经历了无数个不眠之夜，失败也是常有的事情。

我记得博士期间基本上每个月都会有两到三天通宵做实验。我喜欢一气呵成的感觉，看到好的结果宁可不睡觉也要抓紧时间做完实验。我每晚一有新的进展和突破性数据，会在凌晨把数据实时发给我的博士导师。我导师当时寒暑假在美国出差，美国是白天工作时间，我们可以每天高效讨论、交流实验进展和规划下一步实验设计。

经过大半年起早贪黑的努力，当看到健康生长的神经元时，她难以抑制内心的激动与兴奋

我从 2012 年开始这个课题，从博士到博士后这么长的时间里，如果要选一个很困难的阶段，我觉得还是 2013 年的夏天。那时，我第一次把一个非常复杂的实验做出来了。我的假设需要大量的实验去证明，可是这个实验非常复杂和困难，需要我完全从零开始，自己去搭建和设计每一步的环节。当时我从早到晚都在学习如何从胎鼠的大脑里取出海马神经元，在实验动物房一待就是好几个小时，每次在显微镜下看到香蕉状的海马体都很兴奋，然后就在处理的材料上培养新的海马神经元。从夏天到冬天我

唐静在劳伦斯伯克利国家实验室

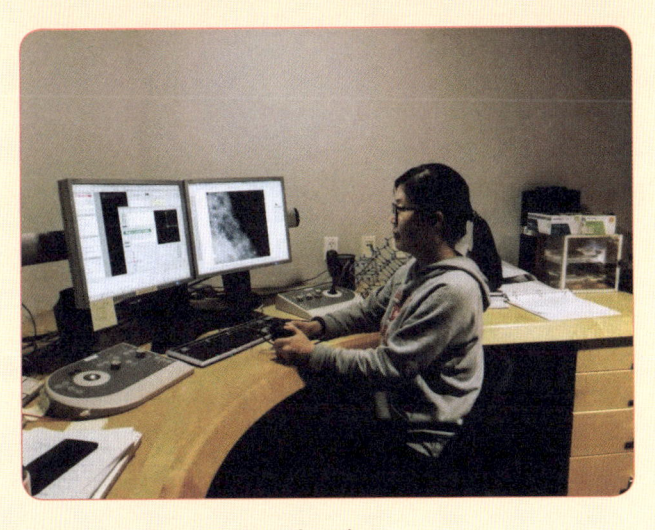

唐静在劳伦斯伯克利国家实验室拍电镜照片

一直专注做这个实验，然后把实验样品放在扫描电镜和荧光共聚焦显微镜观察，当看到海马神经元在材料上长得很健康的那一刻，我非常激动和兴奋。我一直很喜欢的一句话是"眼见为实"（To see is to believe）。那一瞬间，让我突然间体会到了做科研的乐趣。

好的成果需要时间的锤炼打磨，尽管花费了近六年时间才发表论文，她仍然选择坚持下来

从 2012 年开始，我一直在独立攻克这个课题，2015 年初次投稿，投稿也不是很顺利，审稿过程给几个知名期刊送审，又修改了几轮才最终发表。由于文章修改需要补充大量动物实验，2015 年下半年我们又找了几个课题组一起合作，补充了老鼠实验和行为学实验，我特别感谢这些合作者们的支持。

总体来看完成这篇文章前后花了将近六年时间，我很认同要舍得花很长的时间去做困难的事情，而要为了快速出成绩去做很简单的事情。贪图便宜是很短视的行为，你做出来的成就也有局限。我觉得好的工作成果都是需要时间的积累和打磨的。虽然我也遇到过很多挫折，但我心里怀有好奇心和兴趣，所以能持之以恒，也耐得住寂寞，最后坚持了下来。我一直喜欢挑战别人没有做过的课题。只要方向选对了，有挑战才会有进步和成长。我属于越战越勇的性格，从不会因为挫折而退缩。我觉得做自己感兴趣的事情，会做得开心，最后也会觉得很有价值。回看自己的经历，我都是根据自己的兴趣，然后接触一些人，受到一些启发和引导，这些人和这些经历使我对自己研究的事物更加感兴趣，最后就随着兴趣一步步地往前走。

唐静在哈佛大学做实验

> **遵循兴趣、一心一意地坚持下来，是她从始至终保持的理念**

我在博士期间经历了一个生物实验室从零开始到成功搭建的全过程。我一直非常喜欢学习新鲜事物，特别是自己感兴趣并具有一定挑战性和巨大影响力的课题。因为解决难题会激发自己投入更多的科研热情，也会非常有成就感，我会觉得这是一个可以感受到自己心跳的研究。而且当时我也已经明确了今后要从事科研工作，正好博士期间也是夯实科研基础和进行积累与沉淀的最好时机，自然会非常珍惜宝贵的学习机会。只有亲自动手实践，才知道问题所在以及如何解决，实践出真知，做科研不能急功近利，要有耐心地积累知识、积累经验、积累方法、积累思想，这对科学家至关重要。有时候会遇到培养了一个月的细胞死了，材料性能不好什么也做出不来。我也默默哭了很多次，但还是咬着牙坚持了下来。遵循兴趣、一心一意地坚持下来，是我从始至终保持的理念。

打造仿生眼

2013 年，美国第二视觉公司为一批患有视网膜炎的失明患者进行了仿生眼植入手术，让患者重见光明。随后，这款仿生眼帮助患有黄斑变性等疾病的老年人恢复了一定的视力。然而，接受手术的患者只能看到黑白影像，视力恢复程度十分有限。

仿生眼主要通过眼镜上的摄像镜头拍摄影像，再转化成电子信号传递给患者视网膜上安装的电极，刺激视网膜细胞将神经信号传送到大脑，产生视觉影像。过去十年里，德国、英国、澳大利亚等地的多家科技公司将仿生眼投入临床治疗，但由于平面集成电路芯片无法达到人体视网膜提供的立体效果，现有仿生眼只能提供模糊

唐静在哈佛大学留影

唐静和导师罗伯特·S. 兰格（Robert S. Langer）教授

的平面影像。

2020年,香港科技大学的科学家领导国际团队,研发出全球首款立体仿生眼,首次模拟出人眼的曲面结构,用半球形人工视网膜模拟人类视网膜上的光感受器。研究团队将纳米级别的光传感器紧密铺设在曲面结构上,大幅提高图像的分辨率,使电信号更加接近视网膜传递到大脑的信号。研究者在当时预测该项技术很可能在五年内实现应用。

目前仿生眼不仅能应用在医疗场景中,在自动驾驶、人脸识别、智能机器人等领域,能够像视网膜一样拥有完整视觉功能,又能对数据进行智能分析的仿生眼也有很大潜力。甚至有学者预测,仿生眼技术将引发机器人领域的"寒武纪生物大爆发"。

虹膜识别概念智能隐形眼镜
图片来源:视觉中国

> **自然与艺术既给予她美的享受，也能激发她的灵感**

我有时候会在节假日和朋友们一起去爬山、徒步，呼吸新鲜空气。斯坦福校园旁边的斯坦福圆碟山（Stanford Dish）有一条很有名的环山步道，整条柏油路旁边是大片的野草，我们走过去能感觉到一种公路电影中呈现的美感，爬到山顶还可以俯瞰整座校园、远眺湾区，把硅谷全景尽收眼底。学校里有健身房，我喜欢去健身房游泳，这时我可以完全放松，头脑会更清醒。我也喜欢逛各个博物馆，有时候可能一幅画都会给我带来灵感，我看到和想到的东西，也许能用到课题中。目前我在学习弹钢琴，我希望自己能在人生的不同阶段学习到不同的技能，丰富生活、提升自我。

她想对你说：

人生中最重要的是能找到一项可以燃烧自己激情的事业，并专注其中。清华大学有一句话叫"立德立言，无问西东"，我觉得追随真理，同样可以"无问西东"。当你找到自己的天赋与热情，找到自己一辈子想做的事情，你便拥有了环顾四周、舍我其谁的豪气和资本，便能够获得真正意义上的满足。

我希望无论男生还是女生，大家都可以追随内心的选择，做最真实的自己，同时在热爱的事业上坚持下去，脚踏实地、不忘初心、坚持不懈地去突破边界，努力提升和丰富自己，更加自信和从容地面对未来的各种挑战和未知。

唐静在麻省理工学院校园

唐静在哈佛大学校园

第六章

段斯斯：不同寻常的科研路

段斯斯在清华大学受访留影

近年来，有关数据安全的议题在互联网上屡屡引发热议，信息技术的飞速发展对保障网络信息安全的密码技术提出了更高要求。在清华大学的校园中，一支由密码学家王小云院士领导的团队正在针对计算机密码学开展深入研究，以期研究出中国自主创新的新模式，提供更安全的网络环境。

研究员段斯斯是团队成员之一，她的研究集中在区块链及分布式系统协议等方向。分布式系统可以用"拜占庭将军问题"来解释。在一场战役中，拜占庭帝国军队的将军们要决定是否攻击敌军，将军们需要做出一致的决定，才能取得胜利。现实里将军们分守在不同的战壕，部分将军和负责传信的使者可能是叛徒，会传递错误信息诱导将军们做出不一致的决定或无法做决定，导致战役失败。

网络世界里，叛徒无所不在，硬件错误、网络拥堵、恶意攻击都可能让系统内各个节点做出不一致的决定，导致网络溃败。研究者需要设计出拜占庭共识协议，来确保即使出现"叛徒"，各个节点也能做出一致的决定。正是对这一问题的不断研究，人们才构建了区块链技术的安全基石。如今，面对区块链在不同领域的应用需求，更安全可行的共识协议尤为重要。

2022年1月，段斯斯凭借多个业界指标性"拜占庭容错协议"、在分布式系统、区块链和应用密码学领域取得突出成果，入选《麻省理工科技评论》2021年中国区"35岁以下科技创新35人"。

与许多科学家不同，段斯斯在青少年时期虽然成绩很好，但很长一段时间，她对未来都没有很明确的规划。来到香港大学后，看着身边一部分优秀的同学对未来职业发展都有非常详尽的规划，她在大三时做了一个决定：停下学业去银行实习一年，同时跟着老师做科研项目，以此找到自己今后的方向。

一年的时间让她从科研体验中收获了成就感，相比于工作，她更喜欢在科研中发现新东西并提出新问题。本科毕业时，段斯斯申请到了去美国加州大学戴维斯分校读博的机会，然而，满怀期待漂洋过海的她又遇到了新的问题。

博士期间，导师鼓励学生自己发掘感兴趣的方向，主导科研内容。最开始，段斯斯不知道从哪个角度解决问题，常常非常迷茫。后来，她开始快速地阅读大量文献，通过学习别人做科研的方式来摸索自己的道路。不太会写论文是她遇到的又一大挫折，那时她投出去的文章都没有很好的反馈，她只能一次次地修改文章。直到博士最后一年，她发布了世界上第一个成熟的链状共识协议。

2015年，随着区块链技术的兴起，分布式系统共识协议有了更多应用场景和发展前景。此时，博士毕业的她选择在美国橡树岭国家实验室展开工作，并成了该实验室历史上首位计算机方向的温伯格研究员（Weinberg Fellow）。两年后，她搬到美国东海岸，在马里兰大学巴尔的摩郡分校担任助理教授。

2020年，考虑到国内的发展形势，段斯斯举家归国，受聘于清华高等研究院，加入了王小云院士的团队。王小云院士孕期和坐月子期间仍在奋力工作，最终破解美国顶级密码的传奇故事为人熟知。当谈及优秀的前辈，段斯斯对她身上专注于科研的精神非常敬佩，也希望自己能够在热爱的事业上一直走下去。

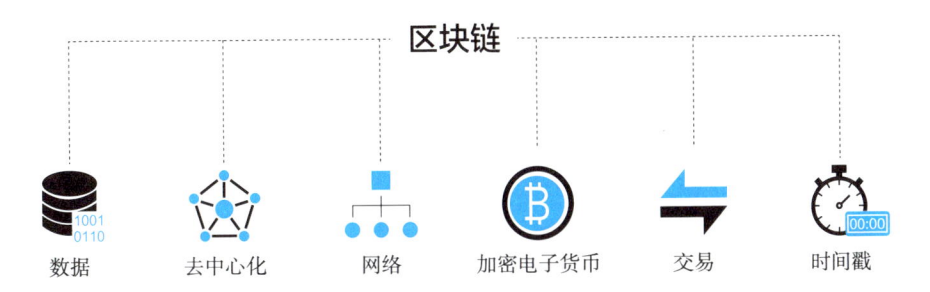

区块链

数据　去中心化　网络　加密电子货币　交易　时间戳

区块链网络概念
图片来源：视觉中国

2012 年，在美国加州大学戴维斯分校的实验室中，段斯斯面对着几台电脑，在脑海中酝酿出可能的"敌人"，用键盘在计算机上进行逻辑推演，实现一场场"双手互搏"。此时，她仍然对前路感到些许迷茫，又对周围早早规划好未来的同学怀有羡慕与钦佩。她研究的小方向在此时的互联网世界几乎没有用武之地，只有寥寥几个实验室的研究者知道其中的价值。

2014 年，是段斯斯读博士的最后一年，她已经摸索出研究的思路，发表了文章。

2015 年，区块链技术人尽皆知，区块链领域涌入了无数人才，也迎来了更多有应用前景的问题，段斯斯在博士期间发表的成果也逐渐得到了产业界的认可。

这是谁都无法预料的发展，对此，她坦言道："想做一些有意思、有意义的问题，就现在去做，谁又能知道以后会怎么样呢？"

晚开窍、追寻意义的孩子

说起来，我小的时候算是一个被动接受事物的人。而且，做一件事情时，其背后的意义对我来说特别重要。我需要自己先想通和认定其中的意义，才能心甘情愿地投入这件事中。我父母对我的教育方式其实是比较宽松的，他们也很信任我的，这可能和我周围同学的父母不太一样。我从小就开始自己做决定，包括学文科还是理科，报考哪所大学，学什么专业，是否出国深造，是否读研读博等。当然，在这过程中，我也不是总能做出正确的决定，我的父母发现后会给我一些建议，但也不会过多地干预。如果我坚持，他们也会支持与鼓励我，不给我过多的压力，甚至帮助我疏解工作上的很多压力，让我放轻松。他们的支持让我觉得自己很自由，能自在地做自己喜欢的工作。

大概在中学时期，我知道每天都应该去上课，我内心并不是一个"爱学习"的孩子，很多科目我都不太喜欢，这也导致我在学业上偏科的问题比较严重。不过我给自己找到了逻辑自洽的答案——既然我每天都需要在教室里待上 8—10 小时，那么如果我不学习，这岂不是在大大地浪费自己的时间？于是"不浪费时间"成了我驱动自己学习的动力。在很长一段时间里，我都以这个理念驱动自己度过学习阶段，这样的困惑和迷茫一直持续到大学时期的前几年。

在我读大一和大二的这个阶段，我并不清楚自己未来想做什么。我在两所院校学习过，在清华大学读大一（相当于委托培养），然后到香港大学进行三年的学习。无论在哪所学校里，我周围的同学们都非常优秀。他们的优秀体现在两种不同的方面：一种是自己特别聪明、学习成绩非常好，就比如我在清华里的同学们，身边有很多十分优秀的人物，他们往往在踏入学校的第一天起，就清晰地知道自己未来的研究或职业方向。我眼中的另一种优秀体现在，这些同学们有很不错的家庭环境，这为他们拓宽眼界、规划人生的每一步提供了帮助。他们中的一些人目标非常明确，早早地为自己的每一个寒暑假做好了规划，因为他们所要做的事情是从自己最终的未来设想一步步倒推回来的。

与他们相比,我更加觉得自己对未来是很迷茫的,但如果什么也不做,随着时间流逝,距离毕业就会越来越近。于是我在大三的时候做了一个决定,我给了自己一个"间隔年",在这年先停止学业,利用学校提供的机会到汇丰银行实习。同时,我还跟随本科的一位老师做一个科研项目。我希望充分利用这一年,多体验、多思考,特别是考虑未来是选择去工作,还是继续深造。最终的结果是,我发现自己更能够体会到科研工作中的成就感,并且我发现自己很享受做科研的过程。这是一种发掘未知,发现新事物、新问题,提出新方法,形成新体系的过程。我在发掘更多的可能性。然而进入职场,更多时候我需要去创造更高的生产力,相对科研而言,职场工作并非是完全未知的。另外,加入职场不久的员工,往往还在做比较基层的工作,具有创造性和探索性的工作就更少一些。于是,我在实习结束后,才决定继续走上科研的道路,并且决定参加各类考试,比

香港大学走廊
图片来源:视觉中国

如托福、研究生入学考试（GRE）等，用于申请博士阶段的学习。

选择学科方向和科研方向，源于兴趣和成就感

我本科选择的方向是电子电机工程。当初在选择这个专业的时候，我其实对它还不算特别了解。但我一直很坚定地想要学理工科。原因之一是我确实不擅长文科；原因之二是我那时候比较喜欢玩游戏，对和计算机相关的方向挺感兴趣。在报考专业时，我看到电子电机工程专业的介绍中有一些与信息技术相关的内容，于是就选择了这个专业。不过，我在本科期间发现自己还是对计算机专业感兴趣，所以在读博时就申请了计算机系。

我在本科时学习了分布式系统和密码学。这两门课程的老师都给我们介绍了一些很经典的相关知识，比如古典密码——翻字典对应的密码或者黑盒子的密码。关于分布式系统，老师会讲很多故事，而不是特别深奥的理论。这大概比较适合稍显有限的理解力和稍窄的知识面的本科学生，所以我对它们印象很深，很感兴趣。不仅这两门课，学校还为我们提供类通识课的课程，比如有关深度学习等比较前沿的研究方向。老师们都很了解学生的需求，把这些很前瞻的内容用通俗易懂的方式展现给我们。所以，我在本科时对这些内容产生了强烈的兴趣，在理解上也没有遇到很大的困难——即便遇到，老师们也会给予我们帮助。

大三时，我科研的具体方向是点对点互联网金融（P2P），当时这是个很火的话题，老师指定我进行P2P偏网络方向的研究。在一年的科研期间，我提出了一个方案。后来在老师的帮助下，我在大四时完成了这个项目，将其作为我的毕业设计，并形成了一篇论文。虽然后来因为后续的留学等事情论文没有发表，但我从中体会到了很强的成就感。首先这个成就感体现在我发现自己挺喜欢读论文的。读别人的论文对我来说是很有启

发的，我总觉得能学到很多新的东西，它和书本上的内容不太一样。通常上学的时候我们看书主要还是为了考试，能答出考题就算达到目标了，但在阅读论文的过程中我发现论文更多时候是论证文章中给出的观点和学术成果。

另外，做科研的过程中，更多的时候是要靠我自己找到问题、提出问题，然后研究它，这对我来说是很新鲜、有意思的事情。我想，这就是我最初决定继续做科研的原因。

拥有初生牛犊不怕虎的勇敢，她选择在本科后直接出国深造

后来我选择出国继续深造，其实并没有想太多，主要是有一种比较强烈的"我想出去看看"的心态。不过，我当时的老师一直建议我留校，因为我当时申请到的学校是加州大学戴维斯分校，这是个挺不错的学校，世界排名大约在前 30 名，但不算是"顶级名校"。我其实还申请过几个排名更高的学校，但没有被录取，大概是由于我在本科阶段并没有太多的科研经历，也没有已经发表的论文作品。所以，我的老师很希望我留在本校先完成硕士阶段的学习，并且多发几篇论文，然后再继续出国深造，这样应该能申请到更好的学校，对将来长远的发展更好。我当时可能有一种很年轻的"鲁莽"吧。也许就是初生牛犊不怕虎，我急切地希望换个环境，并没有经过特别地深思熟虑。既然我已经有了一个机会，还是选择直接出国留学了。

面对冷门研究方向的迷茫，自己摸索出解决方案

我开始博士阶段的学习后，在很长一段时间里是非常迷茫的。我想我

的迷茫期可以分为两个阶段：第一个阶段是自己不知道该如何上手；第二个阶段是虽然上手了，但自己的成果并没有得到很好的反馈。

我在进入新学校后不久，就开始对论文进行构思，这也就是我迷茫的第一个阶段，我不知道该从哪个角度进行研究。不过，我总归有一个大的方向，知道自己应该怎么去解决问题。于是我开始读论文，或许我不能读一两篇或三五篇文章后，就启发出自己的新点子，但我可以海量地阅读，以确保自己的知识面足够广，并尽可能地了解和参考其他人的科研经验。对几十篇或者上百篇的论文，通过精读和泛读相结合的方式进行阅读，再挑出其中我特别感兴趣的方向反复读，直到我闭上眼睛能思考和证明的程度，就说明起到作用了。就这样，我解决了自己的第一个困惑，找到了自己的科研方向。

第二个迷茫期相对来说更长一些，那时候我已经写了一两篇论文，但效果不太好，投稿了几次都被拒绝了。然而我身边的同学中已经有人发表了几篇论文了，做出来的成绩也不错。这样相比之下，应该算是到了我最迷茫的时期。

我在论文写作这方面是需要提高的，但不巧的是，我的导师所做的科研方向跟我的方向并不完全一致，所以他给我的建议有限。另外，他对学生一般采取"放养"的方式，不太干预学生的文章结构等细节，很多时候只是帮助我修改一些语法类的问题。那么我依然需要自己来摸索如何提升写作水平。我思考后的结论依然是多看别人的好文章，理解他们的可取之处；加上每次递交文章，我都能获得审稿人的意见，所以我就认真阅读审稿人意见，根据他们的建议修改自己的文章。这样做一是提炼别人的长处，二是从自己的失败经验中做总结。就这样，我几乎在毕业的前一年半时间里，发表了我全部的论文，这也算是"运气来了"，我终于顺利毕业了。

做研究的段斯斯

在毕业前建立科研的独立性

我博士期间的科研经历可能与很多人不太一样，有些独特。当时我的大部分同学无论在选题阶段还是在头几篇论文的写作阶段，导师们都会参与得比较多。而我实际上有两位导师，一位比较年长，另一位非常年轻，我是他的第一个博士生。年长的这位导师由于个人原因，几乎没有时间在这个项目中做指导了；而另一位导师，他的研究和我的项目大方向上相关，但对细节并不是特别熟悉。加上两位导师一直很注重培养学生的独立性，一开始就引导我，让我独立形成属于自己的研究体系。于是他提出，在具体的研究上应该由我来主导，他们可以协助我，甚至在新的研究方向上应该是他们向我学习。我的这两位导师对学生都采取"鼓励型教育"，他们会在各个方面鼓励学生琢磨科研问题，鼓励学生自己分析和挑选，鼓励我们通过自己的摸索完成科研。在这样的环境下，我觉得在一定程度上，我在读博期间完成了独立性的塑造。

不过，我觉得在科研整体水平上，我博士毕业时还只能勉强称得上"知道怎么做科研"，但并没有办法做出"很好的科研"。我在毕业之后，又经过了几年的历练，逐渐明白该怎么样才能把自己的工作做得更好，再上一个台阶，达到新的高度。我觉得还是要靠自己持续的摸索，当然，我有时候也回头想，如果在博士期间，我能获得导师更细致的指导，会不会能够更早地达到一定的高度？或者如果导师给予我的是很严苛的指导，我会不会已经"知难而退"，对科研失去兴趣了？

我想，导师在科研道路上的指导方式可以算是"双刃剑"，而我认为，主要依靠自己摸索得出方向，或许是最适合自己的方式。

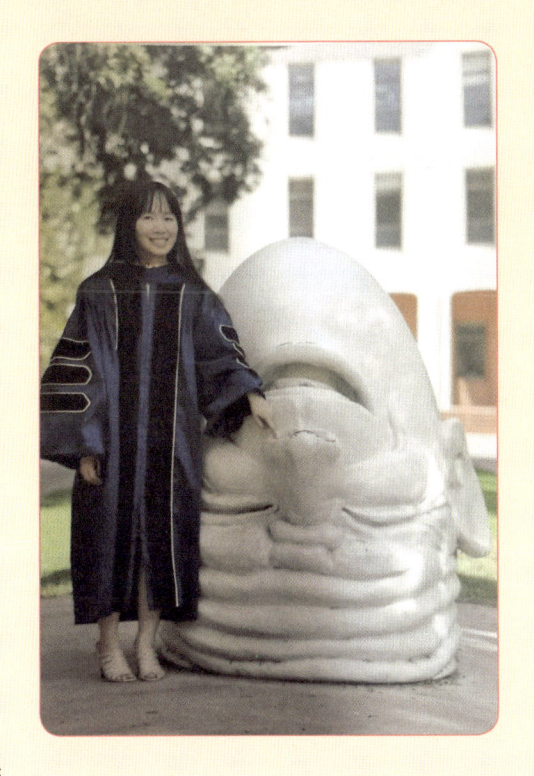

段斯斯博士留影

段斯斯博士留影

对学生们在确认科研论文选题方面的建议

现在我也承担着指导学生做科研的工作，我一般分阶段采取两种方式。在第一个阶段里，我会参与得比较多，包括帮助学生确认选题。我想这其实与我自己的学习经历有关。现在作为一个老师，我想为我的学生们规避我自己当年遇到的那些困难，尽快地帮助学生克服它们。一定程度上，是弥补了过去的我面对困难时独自摸索出路的落寞。

现在，我总是鼓励学生多跟导师主动交流。很多导师都需要带领很多学生，可能很难非常平均地分配时间，或者主动地关注到每个学生的需求。所以，如果学生在选题中遇到困惑的时候，要主动地、经常地跟导师交流，可以交流关于自己的研究兴趣点、自己的能力，擅长的科目等。导师了解得越多，就越有助于他协助你找到更适合你研究的专业方向。导师可以帮助你把研究领域聚焦到一个焦点。因为越从小的点开始研究，就越容易上手，也越容易找到并达成目标。

在第二阶段，我会给我的学生们推荐一些学习方法。对于英语语言基础比较好、阅读速度比较快的学生，我会推荐他们泛读论文。读数量可观的文章，从比较宽泛的内容中再去筛选和聚焦，找到自己感兴趣的方向。然后，我在这样的基础上再推荐对应的更细致方向的论文。在阅读论文上比较吃力、比较慢的学生，他们有时是读得很深度的，也许反反复复花费一个月就钻研一篇论文。对于他们，我一般会为他们做一个小列表，其中也许只包含10篇左右论文，可以便于他们反复地读，把文章读透。往后，他们往往就可以基于这几篇论文继续推进后续的研究工作了。

我自己现在主要的研究方向还是分布式系统安全，如果在前期的沟通中发现学生在这个大方向就已经不感兴趣的话，我一般会建议请别的老师来帮忙带，也可能和合适的老师合作一起带学生。

段斯斯在美国留影

通过研究员和助理教授角色学习更多

2015年，我进入美国橡树岭国家实验室，以研究员的身份展开工作。在这份工作中，我的工作模式和工作内容与之前比较纯粹的科研工作相比有很大不同。以前我以学生的身份做科研工作是比较简单的，基本上就是读论文、发论文、写代码，以及与老师、同学之间的交流与沟通。与此相比，在橡树岭国家实验室里的工作内容更加繁复了。由于实验室执行项目制，一个人往往要同时参与多个项目，每个项目里都有很多人员参与，有时甚至是几十个人。最忙的时候，我手中同时在进行着四五个项目。这就要求我除了做好自己独自承担的部分，还必须跟很多人沟通，跟进一些项目的进展，做一些记录，等等。另外，我在橡树岭国家实验室期间，不仅需要做科研工作，还需要处理工程方面的内容。美国橡树岭国家实验室的运作模式是介于公司和大学之间的，有很大部分工作涉及工程方面，因此就需要科研人员写大量的代码，以交付出可以展示的内容。我还需要自己申请一些新的项目，所以也需要学习写申请书等，这些经历也让我学习到了很多。我后来离开这个实验室，其实是因为它是隶属于美国能源部旗下的单位，研究方向有一定的限制，在选题上有一定的局限性。

之后，我搬到了美国东海岸，在马里兰大学巴尔的摩郡分校担任助理教授。当助理教授意味着我在研究选题上能拥有更大的自由度，于是我回归了系统安全这一研究方向。在这段工作经历中，我遇到困难比较大的两个方面是带学生和申请项目。

回头想想，我在那之前确实还没有太多带学生的经历，对学生交代事情，在很多时候可能也不够准确，所以遇到了比较多的沟通上的问题。另外，由于我的导师一直没有给我太过细致的指导，所以我在很早的时候就主导自己的科研项目。但我后来发现，很多学生不太具有独立主导项目的能力，特别是在项目开始初期。所以在马里兰大学，我和学生们的磨合期是比较长的。

在带学生、与学生的沟通中，有一件令我印象特别深刻的事情。那是我们计划投一篇论文，我把测试数据的任务交给学生们处理，这些数据大概是关于某个系统的吞吐量。我告诉学生们数据的测量方法，并收到了学生们初步的数据反馈——数值在5000左右。这样的结果在我看来是在预期范围内，是可以接受的，于是项目就这样推进了。学生们进行了一个多月的持续的测量，论文也随之推进。但就在论文即将提交前的三五天，学生们告诉我他们之前的计算方法出错了，前期检测出的数据大致有10倍左右的差异。也就是说，当下论文中的所有结论都无法使用了，自然这篇论文就也没发表出去。前后近两个月的忙碌结果成了一场空，这让我非常沮丧。

当然，后来经过对测试方法及测试脚本的修改，我们获得了新的数据，最终这篇论文还是发表了。但我对这个问题做了复盘，其原因确实是我与学生们沟通得还不够多，我当时甚至没有仔细查看测试日志。另外，我应该多问学生特别具体的问题，而不能只问一些高层次、宽泛的问题。

之前在橡树岭国家实验室时，我们有一个比较大的团队一起协作，也有层次很高的学术带头人帮忙规划大的方向，我作为其中一员只需要承担项目的一部分，基本只要沟通好自己的研究内容就够了。而做了助理教授，就需要更加独立地申请项目，除了写项目申请书，还需要和基金委的人员做沟通，这些都需要我一边学习一边完成。

最后，也不得不提我在入职马里兰大学后生了二胎。我在生一胎时，并没有感到困难，生活和工作都还是比较轻松的。但生下二胎后，我发现高估了自己平衡家庭和科研工作的能力，自己确实花费了大量的精力处理家庭的事情，一边适应新工作，一边照顾家庭。在生下二胎的前后两年时间里，我在科研上确实没有什么太大的进展。

不过，后来我与学校其他的老师沟通，也学到了很多有用的经验。比如我们会约午饭时间聊一聊相互的研究方向有没有交叉，交流申请项目的经历，带学生的经验等，有时候还碰撞出了合作的方向，这些都帮助了我很多。

回国工作，决定加入王小云院士的团队

在美国期间，我先生也在同一所学校里工作，但由于我们有了两个孩子，会经常需要我们两个人的父母亲去美国帮助我们照顾孩子。我父母和公婆的英语都不是太好，在国外居住时的邻居也不是很多，所以他们在国外并不太适应。他们为了帮我们照顾孩子，经常需要在国内和海外往返，这个过程对老人家是很折腾的。我觉得如果长期在国外生活，一定会离家人越来越远，从这个角度考虑，我还是选择了回国。一方面，我的父母都在北京，所以我回国到北京工作的话，照顾整个家庭就会更方便；另一方面，在自己的国家做出一些成绩，对我来说成就感还是更高一些。

回国之后，我加入了王小云院士的团队。大家都知道，她是一位非常富有传奇色彩的科学家、大院士，她到现在依然特别关注具体的、前沿的科研问题。在听取老师们汇报工作时，她总是很关注大家研究的具体问题，对新的方向保持着很强的好奇心。虽然她会常常遗憾于自己需要参与很多事务，无法拨出更多的时间来读论文、做科研，但我们能看到她一直保持着探索未知问题的初心。

王老师从事的是密码分析和算法设计方向的研究，我的方向是基于密码算法构建的密码协议，两个方向间有一定的差异，不过，她对我的研究方向很感兴趣，也常常询问我一些很具体的问题，比如是否能用密码算

段斯斯在清华大学

法、数学分析来促进共识的研究。很多时候，虽然她不是特别了解我研究的方向，但是她在具体问题上有很强、很准的直觉。王老师团队中有很多其他的老师帮助她一起带学生，但她会很关注每个学生的项目汇报，对大家的研究进展和实现的成果都是很了解的。我相信，如果不是因为被太多的事务性工作牵绊，她每周还是会拿出几天时间亲自参与学生们的讨论的。

关注实用性和产业化，坚持探寻科研意义

探索新的科研问题或者进行实验时，总是伴随着失败的风险，也常常需要面临漫长的研究周期。在面对这些挑战的时候，我和我的团队重点关注两方面：一是研究有实用性，能产生即刻的成果，能推动产业化；二是对于一些偏理论的研究，可能未知性非常大，但只要找到了研究的趣味，认定了研究的价值，我们就一定会坚定地做下去——哪怕有时候我心里觉得"直到世界毁灭的那天，恐怕都没人要使用这个研究方案"。

拜占庭容错共识[1]刚开始被用于区块链里的时候，我看过一篇题为"The Time Is Now"的文章，其中就提到，RSA签名算法从提出到真正被人应用，经历了30年。而拜占庭容错共识（BFT），从提出来到应用也差不多是花费了30年，也就是说，30年前的科研人员在进行研究时，大家确实认可其中的科学意义，然而这个研究的成果未来究竟是否会被应用，是无人知晓的。但在进行研究的当下，大家觉得这项研究有意思、有意义，就这样推进了，后来发现研究的具体应用，相当于一个意外之喜。我作为一名科研人员，确实是这样考虑一项研究的价值的，从这个角度看，科学研究可能并非直接和它的应用或者应用时间相关。

---

[1] 指分布式系统中达成共识的一种算法，即使存在故障节点也能工作。——编者注

我在回国后，随着王老师拜访了很多企业，接触了很多工程师，他们会直接反馈给我很多实际问题，我发现这些问题中的一部分确实是需要从科学问题的角度去解决的，比如设计一些新的算法，而不仅是靠工程的方式来解决。这时候就会发现自己的研究对真实的世界、现实的问题产生的推动作用。

我现在也参与了一些产业化的工作，包含一部分与区块链相关的工作，并在推广自己设计的区块链系统，同时我还与产业界的同仁有很多交流，慢慢地对整个产业有了更深的理解，这样就给我发现新问题、解决新问题提供了更多的角度。

在密码法颁布了以后，学习密码学方向的同学似乎更好找工作了，行业的薪资待遇也有所提高，因此有更多的学生选择密码学或者分布式系统，这也是我作为一名老师乐于见到的。不仅是科研界，产业界也需要很多新鲜的科研力量。无论是在博士还是硕士阶段，除了学知识、发论文，大家都需要学习分析问题和解决问题的方法，这些方法论对工作也是非常有帮助的。

其实计算机方向一直是一个热门方向，而近几年，学生们选计算机安全方向的趋势明显上升了。在我那个年代，相关专业还算是比较冷门的，国内开设密码学相关专业的院校还很少，就算放眼全球，从事这个方向研究的人数都是不多的。不过在 2015 年前后，随着区块链"大火"，大家对相应研究的关注度提升了很多。对我来说，这像是个意外的好运。以往我们在研究时，基本上都只能自己设想一个场景，再解决这个场景中出现的问题，因为这个领域并没有很多产业化的应用。但随着研究成果产业化，我能真实地了解到区块链中需要什么样的技术或者成果，那么我就来研究这样的技术，做出相应的成果。有了具体需求，我们研究的目的性就更强，成果的应用就更广，效果就更好。

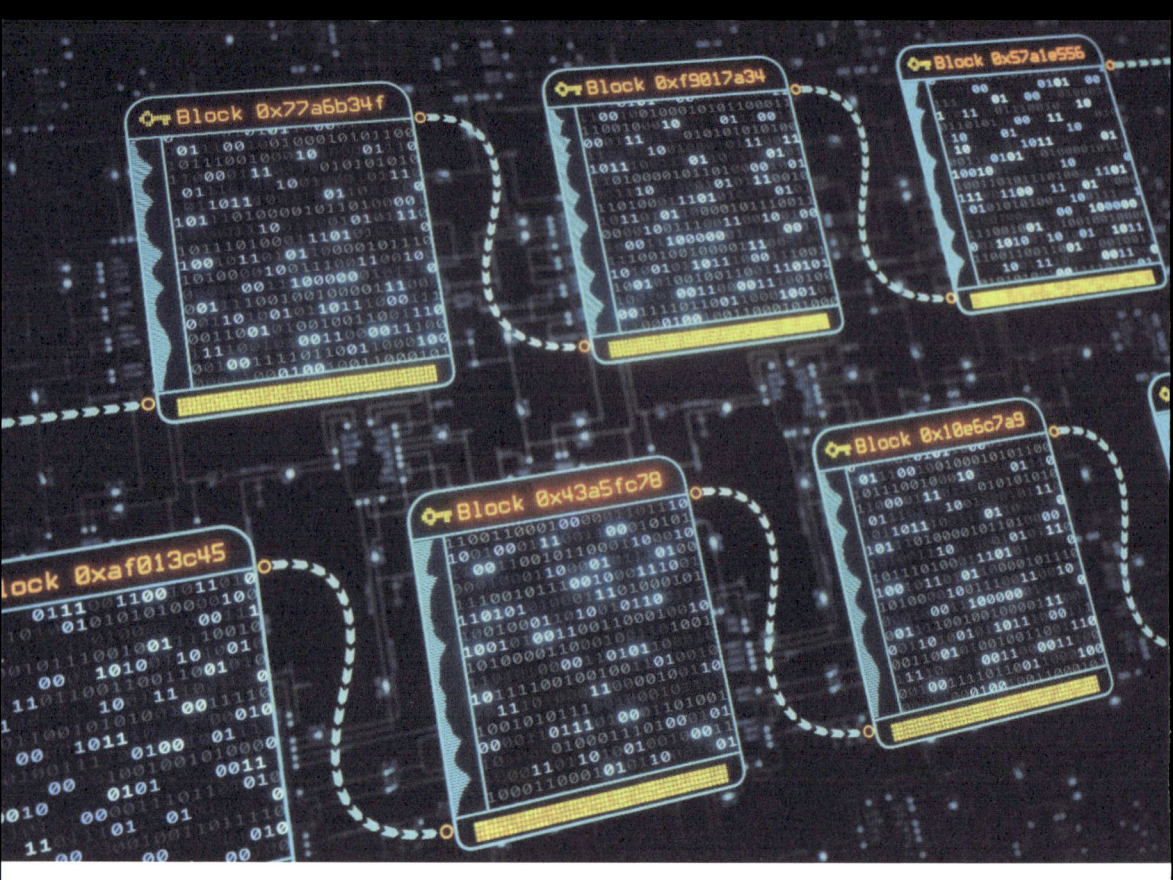

区块链技术概念图
图片来源：视觉中国

> **不同科研环境带来不同的收获，学会建立科研联结，获取帮助和支持**

无论在哪种环境中工作，在工作内容上都没有多大差别，但在工作模式上，国内外的差异还是比较大的。在美国时，更多时候工作是以个人为单位开展的，比如我自己所处的团队或者周围的团队，老师通常希望每一个学生独立进行自己的研究，就负责自己的一个小方向，互相之间没有太多交叉，遇到问题很可能只跟导师或者几个少数合作者合作，以培养学生的独立性。而在国内，大部分是鼓励合作的，团队中常常是好几个学生一起做一个研究。我认为这两种方法各有优劣：采用重点培养个人的思考能力和独立性的方式，学生未来带团队的能力会更强；而以团队合作的模式，学生各自发挥长处，确实会收获更好的产出。不过，对于具体的个人来说，要看自己的个性和特点更适合哪种模式。

我很喜欢参与专业的学术会议，特别是在国外的时候。在国外，一个学校中与你做同方向研究的同事数量一般比较少，可能整个学校的教职人员数量都不多，那么当你在本校的小圈子里交流，就容易出现对方其实不太听得懂你阐述的内容，交流的效果就不是很好。而在参加专业方向的学术会议时，虽然参会的全部人数一般也不多，从几十人到几百人，但参会的人研究的都是一个大方向，从事研究的方向都比较统一，大家非常容易理解你想要表达的内容和你想询问的问题，这样的交流效率非常高。

我在这样的会议中认识了几位很好的朋友，他们中有的来自澳大利亚、有的来自日本或者欧洲，我们在遇到一些问题时就会用邮件或其他方式交流，在交流中我们或许会看到更多的契合点，因此我后来还与其中的一部分人展开了合作。在专业的学术会议上，我还能遇到很多学术上的偶像，有机会在现场与他们打招呼、介绍自己、表达自己的崇敬之情，会后遇到一些专业问题，我也会发邮件向他们请教。

起初，我本来也算挺"社恐"的，不太爱主动与人闲聊，不过可能是出国留学的经历促使我学会怎么主动与人沟通，克服了"社恐"。国外的课堂需要学生深度的参与，要求学生多发言。不仅自己的导师希望自己的学生多与其沟通，系里其他的导师也欢迎学生来与他们交流。所以后来我在各种各样的会议中遇到一些学术专家就不犯怵了，我会主动走上去介绍自己，表明自己虽然第一次见到他本人，但经常读他的文章，很崇拜他，希望能够认识他。

就这样，以参与会议为开端，我就能建立起属于自己的学术圈子。比如在国内，我们做同一个方向研究的同仁们就会建一个微信群，群里有一二十个人，大家遇到很具体的学术问题时就能很快地相互帮助。比如一个老师在读某篇论文时遇到了问题，只要在群里说一声，马上就会有其他的老师参与讨论和解答。我们平时也会在群里聊一聊我们这个研究方向的进展等，我觉得这对于科研人来说特别好，它能让我觉得自己在科研的道路上不那么孤独，不觉得只有我一个人被某个问题所困扰，不觉得自己在孤军奋战。我鼓励每个科研人都多参与这样的会议，哪怕你还是学生，还没有发表论文，都可以多参与这样的专业会议，认识更多的同行。

最后还有一个问题很重要，就是我觉得"把问题问清楚"的能力是非常重要的。自己不管是平时在网络上使用搜索引擎找问题的答案，还是向同行或者学术领头人问问题，最关键的一步可能都是精准地表达自己的问题，说清楚情况，让对方清楚地知道你的问题，对方才能给你到位的帮助和解答。

段斯斯在会议中

区块链技术的应用

区块链是按时间顺序相连的数据块，并利用密码学算法，采取分布式记账的方式，集体维护数据的可靠性。区块链技术是大数据工作模式的一种变革，为数据安全提供了比较完备的解决方案。

由于区块链自身能够产生按时间顺序持续增长、不可篡改的数据记录，当现实世界和数字世界的金融资产发生变化时，区块链能够成为确认产权的完美载体，提供包含交易时间等信息的数字证据。目前，金融等领域已经开始使用区块链系统，在征信管理、跨国交易、跨组织合作、资源共享和物联网等诸多领域，区块链技术都有深度应用的前景。而且，相比于现实世界，在区块链上登记的资产具有更强的流动性，这为创新型经济活动提供了有利土壤。

由于区块链具有多个节点，有助于在决策层面实现去中心化，在军事军工领域，区块链与人工智能的结合，能够改变未来军事指挥控制模式。基于区块链对数据的保护机制，在数字版权保护、移动通信等领域，区块链技术也能得到深度应用。

在2022年北京冬奥会中，以区块链为代表的信息技术在政府支持、食品安全保障、娱乐互动、绿电溯源等环节得到了实施，服务赛事有效发展和运营。今天，区块链技术和管理虽然仍然处在发展初期，在效率、安全性、高效性、可扩展性等方面还面临着很多挑战，但随着中国区块链产业链的完善，区块链技术将延伸到人们生活的方方面面。

曾经爱旅游、爱玩游戏的她生了孩子后少了很多娱乐时间，却意外爱上了健身

没生孩子前，我喜欢出去旅游，也会花时间和同学玩手机游戏和电脑游戏，比如角色扮演类游戏（RPG），更小的时候经常玩任天堂、索尼这类游戏机。不过有了孩子之后，我放假都会带着孩子一起出去玩，平时下班后大部分晚上的时间在照顾孩子。等他们睡着了，我才有很宝贵的一小段属于自己的时间，我会一边刷剧一边处理其他事情，比如写代码、做PPT。由于现在的空闲时间很有限，我的效率变得更高了，反而可以同时兼顾很多事情。

生二胎后的一年左右，我开始每天健身。当时我生完二胎胖了10多斤，想锻炼改变身材，后来花了差不多4个多月瘦下来，体态变得更好了。很意外的是我完全爱上了健身，而且发现工作时精力更充沛了。后来我养成了习惯，每天都会花至少20分钟在家里做有氧或无氧运动。有时候我会锻炼40分钟，偶尔还会带孩子出去跑步。好多人都说很难每天坚持健身，不过我从小时候起，如果下定决心要做一件事，我就能一直坚持。小学时，有一次为了学校的跳绳比赛，我每天疯狂练习跳绳，有一天练到站都站不住。好在能让我下定决心的事情不多，我没有让自己很累。

她和丈夫是科研上的合作伙伴，他们在沟通中却经常剑拔弩张

我老公跟我是一个研究方向的，他最早做的是密码学里偏理论方向的研究，后来我们的方向有一定交叉，经常会讨论问题，做的研究方向逐渐趋于一致了。我们的绝大部分文章都是合作发表的，所以我们生活上的

段斯斯和儿子

很多话题也都是关于科研工作，反而没有聊太多生活琐事。一般生活上的事情是我们其中一个人做了决定，另外一个人听从安排，但是工作上的事情，我们经常讨论得不可开交，有时当着学生的面也会剑拔弩张。

我们在讨论工作时经历了很长时间的磨合，才找到合适的沟通模式。很多时候，我们最开始还在讨论问题，到了后面就变成了吵架，因为大家都有自己的观点，关系又很亲密，所以经常会不在意说话的语气。不像我和其他老师沟通，大家虽然有各自的观点，但通常在合作中会比较客气，容易听取别人的建议。我俩在合作中，大概率不会是一个人听另一个人的，而是会争出一个结论。在争的时候，我们要达成共识：双方要在意的是沟通内容，不是对方的态度。结果我们在生活中沟通也是这样，比如他提出一件事情，我会问他希望我做什么来帮他解决问题，如果能做到我就做，如果做不到那我也没办法，只能接受某个结果。在讨论时，我俩会相对理性地说一个问题。

刚毕业时，她只能独自带着孩子做研究。不过，两人兜兜转转，终于在职业和家庭中找到了平衡点

我结婚的时候博士还没有毕业。博士毕业后第一年我28岁，生了老大，30岁生了老二，在我的同学和同事里我是结婚生子比较早的。博士刚毕业的时候，因为能力经验都很有限，我们的选择不是很多，只能基于现有条件找到各自合适的工作，我俩找到的工作不在同一个地方。我在美国橡树岭国家实验室做研究时是自己带着孩子。两年之后，我们做出了一些成果，想尝试把工作换到同一个地方，又开始找教职。在美国，做科研的夫妻想找到同一所学校的教职工作是非常难的事情，因为大部分院系的老师比较少，很少会接受同一个研究方向有两位老师。我们找了很长时

间，终于找到了一所愿意同时接受我们的学校，于是决定一起去马里兰大学。如果不为了搬到一起，我们各自都有更好的选择，能拿到更好的大学的教职工作，但是我们考虑后还是觉得住在一起比较重要，尤其是还有孩子。回国的时候，是我先确定了要到清华大学来，后来他在北京也找了一份工作，在北京理工大学做教授。

我个人觉得夫妻两个人，一方肯定会为另一方舍弃一部分东西，但是不能放弃太多，不然以后会相互埋怨。我们在协调职业发展时，虽然有时候会放弃条件好一些的工作，但是我们都去了相对满意的地方，而且都在做自己喜欢的研究，在职业和家庭上找到了平衡点。

家里面主要是她在付出，她也会给丈夫提出要求，让他参与其中

家里面的事情还是我做得比较多，这可能是没办法的一件事，但是我提出的一些要求，他不能以非必要的理由拒绝。比如我跟他说某个时间要开会，没有时间接孩子，他就必须去接；寒暑假我会要求他每天带着小孩去操场上跑步，让他更多地参与家庭事务中来。这可能是大多数家庭会有的模式，主要是女方在照顾家庭事务，向男性提出一些要求，而不是大家最开始就意识到要有分工。

我有一个以学校的女老师和老师家属为主要群体的交流群，有时候我会看到有的女老师抱怨丈夫突然决定要完成一项工作，就直接住到了办公室不回家，这应该是大部分家庭会有的状态。我们家由于两个人都很忙，任何一个人都没有办法不管不顾。如果有一个人要参加会议或者出差几天，我们要提前半个月或一个月跟对方说好，另外一方必须把那几天的事情都推掉，保证有足够的时间在家里带孩子。

段斯斯全家合照

段斯斯和儿子

生孩子前一天还在工作、怀孕 36 周时自驾 7 小时去面试……在她眼里，生育与工作不是二选一的问题

有孩子以后主要的困难在于时间很有限，没有那么多时间兼顾所有事情。这带来的好处是我很珍惜坐在办公室工作的时间，我的工作效率变高了，在办公室里发呆、刷手机的时间变少了。我的两个孩子都是在国外生的，那时感觉生育对找工作没有什么影响。我在怀孕 36 周时找到了橡树岭国家实验室的工作，当时我是挺着大肚子，开了 7 个小时车去面试的，生完孩子两个月后入职。等到生二孩的时候，正好是我换工作去马里兰大学的那一年，我是在搬家的过程中发现自己怀孕了，入职的第二个学期就生了孩子。由于在学术领域的工作时间比较自由，不需要每天都到学校，院系又有一项很人性化的措施，规定教师生孩子那年不被安排授课任务。我几乎是在生孩子前一天的晚上还在写代码，生了孩子后没过多久我就回归到工作状态。

在孩子小的时候我面临很多困扰。老大很早就去了一家私立幼儿园，由于年纪小，他在幼儿园经常生病。有一段时间我刚到办公室坐下来，工作还没有做多少，就接到幼儿园的电话，说孩子生病了要接回家。我很幸运，在孩子三岁以前，父母和公婆给了我很大帮助。虽然当时家里人到美国帮忙带孩子，但是他们的英语没有那么好，在国外开车又不认识路，所以我又得赶回家送孩子去看病，这种事情在当时经常发生。对我来说，工作和生活虽然很难平衡，但也不代表我要放弃任何一边，只要尽力就足够了。

两个孩子给她的生活增添了无尽的温馨与乐趣

两个孩子能给我的生活带来很多趣味。我有时候会把家里面有意思的

事情记在备忘录里，没事时翻出来看看。我经常跟我们家孩子讲，当他们还是小婴儿的时候，怎么在家里哭闹，换尿布的时候手脚会怎么摆动，我会模仿他们的样子。我发现小孩子能因为这么一点点小事情就特别高兴，在旁边哈哈大笑。他们得到一个小玩具或者一张小卡片，都能高兴大半天。我觉得大人一定要向小孩学习这种获得快乐的能力，为自己拥有的东西感到满足与开心。

对我个人来说，有孩子的好处大于坏处，高兴的时刻多于痛苦的时刻。小孩子能让家里面每天都很有活力，而且他们也很可爱。在陪伴他们长大的过程中，我自己能有很多反思，会想起来自己小时候跟爸妈相处的一些故事，勾起来很多温馨的回忆。

> **从王小云的故事里，她看到了研究者的专注，可喜的是，她发现团队里的女生传承了同样的特质**

我所在的领域女性特别少，计算机系当时入学的研究生一共是六十多个人，大概只有两三个女生。虽然如此，计算机领域依然涌现出很多非常优秀的女性，比如计算机安全领域非常有名的宋晓冬老师、石润婷教授（Elaine Shi）等。图灵奖得主也有很多女性，比如首位国际商业机器公司（IBM）女院士弗朗西斯·艾伦（Frances Allen）、麻省理工学院的芭芭拉·利斯科夫（Barbara Liskov）、美国加州大学伯克利分校的莎菲·戈德瓦瑟(Shafi Goldwasser)。在国内密码学领域，王小云老师和刘胜利老师都是非常厉害的科学家，是圈子里面的佼佼者。

王老师有一点让我很敬佩。她现在虽然已经是一位院士了，但是仍然保持着很强的好奇心，持续地关注新的科学问题。她的学生是团队的老师在帮忙带。她会定期检查，经常跟学生讨论，让学生汇报具体的工作情

段斯斯和孩子们

况，及时掌握学生的工作状态，有哪些结果和问题。

她经常会感叹自己现在需要处理太多事务，没有时间好好地读论文、做科研，我觉得她如果时间比较充裕的话，一定每天都奋斗在科研第一线。在她身上我能看到属于研究者的初心。有人会觉得，一位科学家如果到了很资深的阶段，比如成为院士，就不会再去关注很多前沿的问题，会把前沿问题交给学生去做，但她恰恰相反，她会一直跟踪前沿动向。她让我看到了一位不同于大众固有印象的院士。

我的团队中有好几名女生，其中也不乏专注度很高、能力很强的人，从她们身上我能够看出来，计算机安全及密码学方向将来会不断有女性研究者做出更好的成就，一定可以让这个领域有更好的发展。

听到其他女老师的人生规划，她学到了缓解焦虑和管理时间的秘诀

我在美国参加过一个非营利性组织举办的以女性科技工作者为主题的活动。很特别的一点是，这个活动准备的文化衫全是粉红色的，还准备了很多毛绒玩具当作纪念品。在圆桌论坛环节，很多女性会讨论自己怎么平衡家庭和工作，有的老师会针对自己的科研经历、研究的前沿技术做报告，科技公司还会在会议现场招募员工。

一些女老师分享的人生规划，对我有很大的启发。我曾经听到过一个缓解焦虑的方法：把大目标拆分成具体的一个个小目标，比如下一周读几篇论文，花两周时间把这篇论文读透，或者什么时候把证明写出来。人们面对这些具体的、操作性很强的小目标时，就不会产生面对大目标时的焦虑感。还有一位老师说起来她管理时间的秘诀：如果她收到一封邮件，就会立刻回复，五分钟内就能处理的事情，如果拖到后面，一定会耗费不止

五分钟。我发现确实如此，一件事情如果拖到后面再做，就需要额外多花时间思考前因后果，所以我也一直在践行这条管理时间法则。

她建议让小朋友多接触科研项目，从小就了解其中的乐趣

让更多中学生或者小学生多做一些与科研相关的项目，接触到简单的科学课题，对他们了解科研很有帮助，能鼓励男孩女孩从小去探索世界。比如我家小孩上的清华附小，到了中高年级以后，学校都会让小孩去研究一个想要了解的课题，自己去找到解决方案。这在一定程度上可以帮助大家了解做科研的乐趣，我觉得这是比较有用的一个方式。

她想对你说：

首先，以我的经历来看，我体会最深的是"什么时候开始都不晚""想做的时候就去做"。我是很普通的人，博士毕业之前，我一直没有想明白自己要干什么，对未来时常会感觉到很迷茫，没有一个清晰坚定的规划。我特别羡慕周围那些从小就知道自己要做什么的同学，甚至现在一些读本科的学生很明确地找我交流想做的课题。我很羡慕他们这么早就能找到方向。

段斯斯于美国留影

她想对你说：

可是，即便我没有早早找到人生方向，我依旧可以在想做的时候再开始。我在国外还见到过很多工作了好多年，又回到学校读博走入学术圈的人。我做助理教授时有一个学生比我大了十多岁，就是工作多年后再去做研究的。很多老师其实很喜欢招收这样的学生，因为他们有一定的工作经历，对自己的人生想得比较明白，有很明确的目标，反而会做出更好的成果。

其次，一定要找到自己特别感兴趣的东西。好多年前流行过一句话："叫醒我的不是闹钟，是我的梦想。"我们每天都要花很多时间在工作上面，如果做一些真正感兴趣，我愿意为之花费时间和精力的事情，我每天清晨醒过来都会充满动力奔赴工作。大家有机会可以去多多接触各行各业的工作，找到自己最喜欢的事情，这也是缓解焦虑和迷茫的一个好方法。

另外，大部分女性会比较在意别人的态度、别人说话的语气等小事，我也如此。尤其是小时候，我会因为别人一句话的语气不好，感到很挫败。别人也许平时就这么说话，并不是对我有意见。在工作和生活中，女生很多时候需要把感知力降低一点，更理性地思考事情，沟通时不要在意情绪，而要关注内容和结论。这也是我在成长中学习到的。

我遇到过很多不一样的女性，让我发现了女性还有这么强大的力量。我印象特别深的一位女性朋友，一个人在美国度过了整个怀孕过程，她的丈夫由于签证问题没有办法到美国照顾她。她快生孩子时，父母虽然过去帮忙，但他们不会开车。最后是她自己开车去生孩子

她想对你说：

的，生完孩子后在医院里面住了三天，就自己开车回家了。她的故事让我觉得人千万不要给自己设限，有时你觉得自己办不到的事情，到了形势所迫的时候，你就可以办到了。不如想办法多给自己创造一些条件，你会发现自己能做的远远比自己想象的要多。

第七章

徐洁：把问题交给时间

徐洁

随着科技的进步，人们对材料的需求日益增加，比如对日常穿的衣服，人们的要求不再停留在美观和保暖，而是期望日常穿的衣服能对人类健康作出贡献。于是，监测生理健康数据的可穿戴设备应运而生。为了保持设备长时间穿戴的舒适性，科学家们在不断地研发新型材料。

2016年，徐洁攻克了技术难关，研发出能够延展的电子设备；2019年，她对工艺进行了改良，使其能被广泛应用于产业化制造。她凭借自己的发明创新，入选了2021年《麻省理工科技评论》"35岁以下科技创新35人"全球名单、《财富》杂志2021年中国最具影响力的商界女性未来榜。

这位来自江苏连云港的科学家出生于1988年，2005年进入南京大学化学化工学院的基础学科拔尖班。本科毕业之后，她于2009年进入南京大学薛奇教授课题组读研究生，2014年获得博士学位。读博期间，薛奇老师给了她很多在国际上交流学习的机会，如在国内外会议上做报告、出国交流访问等。南京大学前后九年的读书和研究时光，让她掌握了高分子物理和化学基础理论，为之后着眼于应用的交叉研究打下了坚实的基础。

随后，她来到斯坦福大学著名材料学家鲍哲南老师的课题组，从事博士后工作。有缘分的是，鲍哲南本科期间的导师同样是薛奇教授，徐洁还在读博期间来到鲍哲南课题组做了三个月访问学生，这促使她们从同门校友变成了关系更亲密的师生。如今，徐洁在科研上逐渐取得成就，成为美国阿贡国家实验室的助理科学家，和鲍哲南从师生转变为同处一个领域的合作者。

2010年，人造皮肤在感知上的突破让科研界看到了新型材料的曙光。与人类皮肤功能越相近的材料，制作成的穿戴设备越能让人体感觉更舒适，并且能提供更多功能，这有助于人类开发出更便携的医疗设备、健康监测仪器。除了传感功能，延展性也是人造皮肤需要具有的能力。

通常来说，为了实现高分子材料良好的导电性，材料的化学结构比较硬，无法像橡胶一样拉伸。在南大读书期间，徐洁研究的是不导电的橡胶和塑料。于是，她做博士后研究时，把聚合物材料和另一种橡胶材料混合，形成新的形态，发明出可拉伸的半导体材料，从而攻克了"人造皮肤"的延展性这一技术难关。

抱着让人造皮肤尽快投入产业，改善大众生活的理想，她在3年后优化了制备方法。新的方法不仅可以大规模生产能够拉伸的半导体膜，降低成本，还让半导体的传输效率提高了3—6倍。由于制备的高分子涂层非常薄，1克样品制作的薄膜可以铺满一间房子。她的多项突破性成果可以用在未来的机器人、可穿戴设备、人机接口技术等多个领域。

徐洁的研究不仅面向现在，更面向未来。大家都知道当前塑料污染很严重，然而以目前电子产品的普及情况，她预感到未来电子材料的污染会一样严重。于是，材料的生物降解性成了她选定的新研究方向。谈到科技发展带给人类的新未来，徐洁既满怀着期待，又脚踏实地，用一次次实验勾勒未来的图景。

博士期间，徐洁来到斯坦福大学交流访问，在实验遭受到挫败时，带领她的师姐用积极的态度告诉她："没达到最好的效果又能怎么样呢，能把材料做出来已经是一种成功了。"在时间的浸润下，徐洁慢慢成长为她

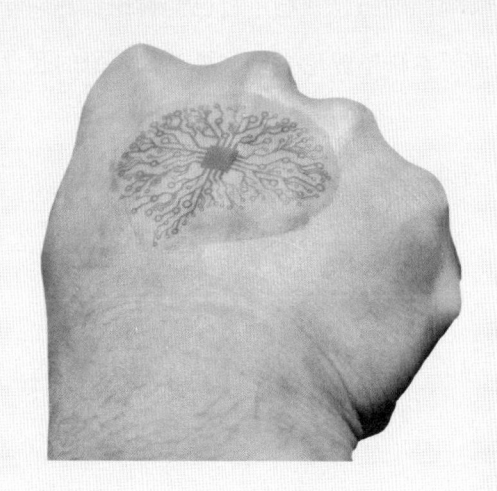

人造皮肤示意图

当初羡慕的模样。如今,她传承了师姐的豁达乐观,在谈及失败时,也用一句"失败了又能怎么样呢,至少我们尝试了"轻轻带过。

在不断扩充知识的过程中,她曾深深体会到时间的力量,而时间带给她的不只是知识和技能,还有内心的平和与坚定。

本科阶段进入实验室接触到高分子材料,是她科研的起点

中学时我对物理和化学比较感兴趣,也比较擅长这两门学科,这让我很自然地走上了科学的道路,但没有想到以后会成为化学家、材料学家。在大学选专业的时候,我选了化学方向。大学的化学专业有很多方向,那时我对高分子材料比较感兴趣,我觉得高分子材料与传统的无机材料、小分子材料挺不一样的,它是一种像塑料的材料,能做出来很多功能。所以我去了薛奇老师的课题组,开始了自己的科研,花一年左右的时间去感受科研项目,完成了本科毕业论文。这算是我科研的起点。

2013年全国高分子学术论文报告会

她曾经历过一段自我怀疑的阶段，时间给了她最好的答案

刚开始我心里很着急想做出东西，但是又没有足够多的知识储备，心有余而力不足。知识不足很容易打击人的自信心。因为我做不出来想要的东西，而且一开始我也不知道这个方向是不是对的，所以会思考是应该继续，还是应该停下来找另一个方向。摸索阶段的挫败感会让人在做科研的时候不够坚定。慢慢地，我逐渐积累了需要的知识，花时间去吸收想学的东西，学会了以后，自然没有那么多的怀疑，就比较坚定了。

可能有的学生会考虑是不是应该换一个方向，是不是不适合科研的道路，我也承认不同人适应的工作类型不一样。有一类很适合做科研的人，初期可能遇到和我一样的情况，我觉得一个人对科研的信心不是能够瞬间建立起来的，要花费时间扩充知识面才能培养起来。质疑的阶段更需要有耐心一点，给自己一两年的时间来成长，把知识量提升上去。

另一类人可能不适合科研，不过在最开始做研究的阶段，不明确自己是否合适时，我们不妨都假定自己适合这个方向。当累积到一定程度，自然会知道自己适合什么，如果我做了一年觉得不合适，我会换到另一个方向去。大家可能都要经历半年或者一年的探索阶段。

实验结果不尽如人意时，她发现师姐总能从积极的方向考虑问题

我接触到很多优秀的师兄师姐，他们都是我的榜样，我能和他们学到很多。我可以看到他们的努力，照着他们的样子去做我的项目，当我有一天跟他们一样优秀的时候，我会觉得这件事情非常自然。

有一段时间我到斯坦福大学做交流访问学生，我从南大来到斯坦福大

学非常顶尖的一群人当中，一瞬间就感受到了差距。当时是鲍哲南老师组的一个博士后师姐带着我做实验，我觉得如果有一天我能和她一样优秀，我会非常高兴。我很仔细地观察她怎么思考问题，尤其是怎么处理问题。后来我发现这一类人处理问题永远从积极的方向去着手，他们遇到问题的时候会觉得任何一个问题我们总是可以想办法解决的，虽然目前还不知道用什么办法，但总会有办法。这是一个非常好的态度。跟他们接触的时间长了，我想事情的方式也会慢慢变得与他们一致，这些都是潜移默化的影响。

当时我们做出来一个材料，这个材料外观与我们预期的一样，但是我们去测性能时，发现它没有达到我们想要的性能，这给了我很大的挫败感。我当时觉得这件事很难接受，我们付出了这么多，结果做的东西没有达到我们想要的标准。但是师姐安慰我说，材料能做出来也是一种肯定，即使我们的研究成果不能发顶级的期刊，至少也可以发稍差一些的期刊。她会觉得没有达到最好的效果又能怎么样呢，我们做出来了这个材料，已经很了不起了。

解决问题时我们想到有可能是一开始的假设出现了问题，也可能是我自己没有测好性能，需要找一个人帮我测，看看我测的过程中出现什么问题，当时我们去验证了第二条路。如果一开始就推翻自己的假设，就有点儿太草率了，科研需要把所有的过程都先整理清楚，确定每一步都是准确无误的，再去想最初的假设有什么问题，这才比较有参考性。有的同学可能得到了一个与自己预期不一样的结果就非常慌张，先怀疑自己，但其实分析所有实验过程还是很重要的，包括去看这个过程中有什么细节问题，这比轻易地推翻结果更重要。

后来我们在找别人合作后解决了问题。我与师姐两个人都比较擅长控制材料的生长，但是不擅长测这些材料的性能，所以我们测的效果不

徐洁（左）和师姐

徐洁介绍实验室的科研成果

好。后面我慢慢知道去跟测性能的人学习，找别人过来帮我们。然后我们发现测出来的性能确实很好。这个过程又有好几个月，这几个月都比较煎熬。

科学家除了要解决现有问题，还要思考怎么创造未来

学生阶段时，指导老师会提供研究方向，但成立课题组了以后，我既要了解我擅长的方向，也要知道这个方向里还存在什么问题能够研究，还要想我可以去做哪些新的方向，这个是比较难的。相当于你要给自己找一个不一样的领域。我要自己去思考什么是重要的，也会通过读文章等方式，学习哪些东西是比较新的，然后看看有没有能做研究的方向，再在新的研究方向里寻找我的专业背景能起到哪些非常不一样的作用，使这个方向有不一样的发展。

除了这类大家现阶段遇到的问题、亟待解决的问题，还有一类问题是怎么创造未来。很多科学家都是一个领域的开拓者，这些人从现实问题里面得到一些启发，就去想自己要什么样的未来，在描述未来时，又创造了很多新的研究方向和课题。其实哲南也这样，她说想要制造人造皮肤，其实是充当了领跑者的角色，在告诉我们未来会是什么样子。为了达到她想要的未来，我们需要攻克一些问题，所以有了新的研究课题。这些问题都属于未来的问题，都是为了创造一个更好的未来。

作为着眼于未来的科学家，她正在为实验室带来一次全新的变革

当科学家在介绍自己的课题时，要让大家认同这件事情是好的，同时

是可行的。比如人造皮肤，大部分人都觉得是好的，难的是让大家觉得这是可行的。组里需要做大量研究来验证它的可行性，而且这不是一两年能做出来的，可能需要五年左右。有了初步成果，才会有很多人追随你去做这个方向。

我现在在做人工智能实验室，因为我觉得这个应该是我们的未来。虽然工业中的机器人和人工智能的算法的应用已经很常见了，但是化学工程实验室跟二十年前没什么差别，只是仪器更先进一些，实验还是主要靠人来操作。我希望在以后的实验室里，学生和机器人同时在里面工作，人工智能的算法能够帮我去分析复杂数据，帮我去预测结果。我觉得这对实验室是一个很大的改革。

目前人工智能实验室的情况有点儿像自动驾驶，大家都觉得这是我们的未来。现在关键在于谁能做出来，怎么去执行，还有做出来之后怎么来量化它的价值。比如提高效率这一点就需要量化成数字，我不能说效率能提高很多，而应该告诉大家效率可以提高多少倍。需要积累非常多的实验样本，才能得到这样的数据。

人工智能实验室算交叉性很强的方向，我既需要有计算机专业基础，又需要化学专业基础，在量化价值时可能还需要有一些经济学方面的基础。这是一个很庞大的课题，需要多个领域的人去合作才能完成。像柔性电子器件，也不是哲南她一个人做的，她有很多合作者。选择合适的合作者也是执行步骤中的一环。

寻找合作者时找到志同道合的人很重要，合作中对方也应该打心底里认可这个东西的价值，对方要有非常强的责任心跟你一起很积极地推动这个事情往前走，而不是只履行一个任务。另外，要找专业技能合适的人，研究技能方面双方互补，可以互相学习，利用各自擅长的研究领域来促进课题发展。我还是很幸运的，找到的很多合作者都志同道合。也有合作下来，进展不好的，那就后面再去合作别的方向。如果遇到不合适的合作者，我会及时止损，换其他人合作，项目总是要继续的。

实验室建立初期，她收获了可靠的"战友"

实验室刚建立时招的学生基本上可以算战友了，因为一开始的时候什么都没有，我需要学生一起去把实验室搭出来，把故事创作出来去申请基金，这需要他们有很强的执行能力。我一开始招的博士后是非常有能力的人，我不需要要求他工作多长时间，只是告诉他我们要在什么时间内做完，大家会不计时间成本一起帮我做出来。我非常感动，能遇到这种学生也是很大的福气。他现在去工业界了，他没了解过工业界是什么样子，想去感受一下。我很支持他去体验，如果他觉得自己适合工业界，那就去工业界，如果不适合，回学术界也没有问题。

我博士毕业后有半年也是去了一家公司做工程师，去感受工业界的生活。当时感觉区别很明显，在学术界我有很多机会去实现梦想，在工业界我要做的东西很明确，目标很清晰，没有太大的自由度让我去实现梦想。

交叉学科的研究要求她不断走出舒适区，扩充知识的深度和广度

交叉学科的研究不像单纯地去做一门研究，我觉得首先要做的心理准备是要走出自己的舒适区，准备好去啃一块难啃的骨头。不论是学生还是教授，如果已经有这种心理准备，又想做这件事情，那么遇到挫折的时候就不太容易退缩。交叉学科的研究意味着我要面临很多自己不是很擅长的事情，此时很容易产生自我怀疑，我需要知道怎么来处理自我怀疑，然后

给自己一定的时间去累积知识。

我好像一直都在跨学科。我在博士期间学的是高分子物理，是一个非常基础的纯理论学科。然后我在斯坦福做博士后研究时，做的是更偏应用的科学，发明了类皮肤电子器件，这与高分子物理相比算是跨领域了。现在又跨了方向，我还是做材料器件方面的研究，但是我也在建设面向未来的实验室，这又是一个新的领域了。我是一直在变的，变的原因也很自然，当我的高分子物理基础知识学到一定程度的时候，我就会想怎么把它用上。然后当我做了一段时间的应用科学，到下一个职业阶段的时候，我发现做的事情太慢了，一个课题需要花一到两年的时间去探索所有实验的可能性，我开始考虑有没有办法解决它。这就不能只沿着自己做材料的思路去想，只能想能不能自己创造一个工具来帮我去加速这些事情，我想到了人工智能实验室。

在我做科研时，我意识到有一些问题沿着原来的方向再接着做，可能一时半会也想不出什么更好的方法，这个时候就得跳出来思考了，不要把自己限制在一个圈子里。这也是本科生和研究生需要的一些能力。跳出来去思考的同时，也要扩充知识的深度和广度，才能知道往哪个方向思考。多了解其他领域的知识很重要，这样当一个人需要进行交叉学科的思考时，脑子里就会有一个相应的知识被唤起来了。

读网络上的科普文章，或者去参加一些大型会议，都可以帮助我很快地从别人那里拓宽知识面。还有一些论坛，尽管可能和我的领域只有一点点的交集，我也会去听听看。还有当别的领域的人来找我聊天时，我会想到他懂一些我不懂的知识，我从聊天里面也能获得一些知识。

> **科研中常常可能出现失败，但是至少我们尝试过了，失败又能怎么样呢**

其实科研的成功率还是很低的，我们研究的东西绝大部分都做不出来，或者做出来的不像我们最初设想的那么好，但我觉得至少我们为了梦想尝试过了，失败又能怎么样呢？

一般情况下，我们团队有了初步的想法后，在实验中间会遇到各种问题，发现现实和理想的差距，然而差距可以通过各种方法去解决。我们没有做这件事情的时候，不知道会存在这些问题。我觉得出现问题没有关系，把这些问题解决掉就好了。

很多人都会说科研需要有坚持的精神，在我看来，我们应该要给自己一些时间。在充分给自己机会做一些努力和尝试后，再去看能不能达到预期的效果。

人造皮肤的未来

皮肤作为人体最大的器官，负责人体内部与外部环境的交互，能够把环境的温度、压力、气流等信息传给大脑，人造皮肤是模拟人类皮肤功能制造的电子材料，在机器人、人工义肢、医疗检测等领域都有应用前景。随着研究的进展，未来的人造皮肤将具有多种性能，如可拉伸、自我修复、可降解，将广泛运用在新型电子器件上。

人造皮肤既能接收到精准的电信号，又比普通电子仪器更能够贴合人体，适合在医疗上帮助医生对患者进行长时间心电监测、体温检测等。由于人造皮肤能够将感知的信号转化为电信号，直接传达给神经系统，一些皮肤感知能力出现问题的患者，比如皮肤烧伤、身体有伤残的人，可以借助人造皮肤感受周围环境，进行机体恢复训练。人造皮肤甚至能让安装义肢的人获得触感。

在医疗健康领域外，智能机器人的升级无疑将成为人造皮肤引发的另一场技术革命。机器人笨重的机械手难以检测不同压力带来的触感差异，导致拿杯子和拿鸡蛋用的力量相同，不能像人一样自由调控。人造皮肤能帮助机器人感知环境信息，进行更精细灵巧的工作。在徐洁对未来人工智能实验室的研究和畅想里，同样少不了能够精准进行一系列实验操作的智能机器人。

当人造皮肤的实用性和产量提高时，可能会取代手机、电子手表、运动手环等电子产品的形式。由于人造皮肤能够跟随人们身体的运动而拉伸变形，它检测出的信息会更加灵敏、准确。未来，人造皮肤会像今日的智能手机一样，深刻地改变我们的生活。

山坡上开辟的一片菜园，给予了她耕耘劳作的幸福感与满足感

我比较喜欢种花种菜，我种花不是在阳台放个小花盆，而是像农民一样在花园和菜园里种植。美国社区像一个大型乡村，周围自然资源比较丰富，我家附近就有一个山坡，我会到山坡上种东西。可能中国人都有种菜情结，天生有贴近土地的情怀，种植作物让我非常满足，尤其是耕耘劳作后能收获到自己种植的东西，而且和科研比起来，种植更容易有收获，它的风险比较小，能在生活里给我幸福感。

拉伸一块拥有上万个晶体管的人造皮肤

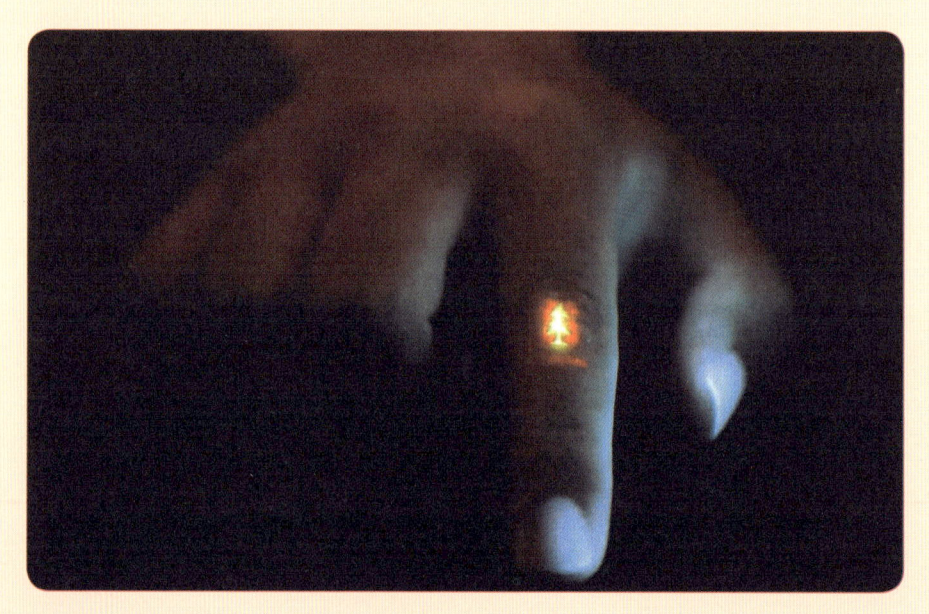

发光的人造皮肤

我家老大现在快六岁，会占用我比较多的时间，我也喜欢带小孩儿去种菜，希望能培养出他的耐心。很多植物要培育好几个月，才能开花或结果，我们看着它每天发生不同的变化，可能长势茂盛，也可能枯萎死亡，这个过程很有意思。小孩种菜时有他的想法，比如撒完种子再踩一下，但这些做法对植物不好。有时候我告诉他之后，他还会坚持这么做，我索性给他一次尝试的机会，等到植物长出来时，他看到最后的结果，才会明白之前的做法是错的。我如果只是口头上教育他，他既不会认同，也没有什么印象，下次还会做同样的事。

出游、做饭、看科幻电影，这些司空见惯的小乐趣，也能给她的研究带来启发

出去旅游应该是大多数人都有的爱好，我可能不一样的是，想去看的地方即使很远，路上需要很长时间，比如连续开车六个小时，我也要坚持过去。到了之后看到不同的风景，整个人心情会很舒畅，会觉得旅途上的疲惫都是值得的。我也喜欢做饭，研究新的菜式。其实学化学的很多人都很擅长做饭，这就像做化学实验一样，前者是照着菜谱做，后者是照着实验方案做。

我还很喜欢看科幻电影，能从中获得很多启发。比如《钢铁侠》《神偷奶爸》《超能陆战队》，这些电影里面的角色要么有自己的智能实验室，要么本身就是能够帮助人类的人工智能。电影其实先于科学研究，把我们想要塑造的世界畅想出来了，它会在所有人心里面"种下"一束小火苗，让大家先对未来有一个美好的设想，启发大家思考现有的科学技术可以往哪个方向发展。当我们的研究有可能向这些"不切实际"的愿望迈进一步时，我们再共同朝着那个方向去努力，慢慢地把电影里幻想的世界创造出

来，让它成为现实。

做研究是一场马拉松长跑，在小孩需要照顾的阶段，她选择暂时跑得慢一点

养小孩肯定会让我无法把全部时间都放在工作上，我调整的方式是降低对自己的要求。我现在一天除了睡觉时间，可能只有70%的时间可以花在工作上，还有30%的时间要留给小孩。我可能在工作上会降低期望，不会要求自己达到100%的产出。而且由于我每天都有一段时间要花在小孩身上，反而会比较珍惜可以工作的时间，在工作中我一分钟都不想浪费，不知不觉中我的工作效率会提高，最后达到的效果不会相差太多。

可以进行一个不太恰当的类比，工作是一个较短期的项目接着另一个项目，养小孩则是一项长期工程，是我人生中用时最长的项目。养小孩会让我多一些耐心，用更长远的眼光看待工作和生活。事业很长，当孩子很小很需要我的时候，我愿意多花一点时间在他身上，等他上学后我可以再调整回来，回到原本的工作强度上。我很喜欢一句话：浪费一些时间没什么大不了（It's okay to lose some time）。我没有停下事业的脚步，只是在这个阶段走得慢一点而已。

我的第一个小孩是我在做博后的时候出生的，现在是我的事业上升期，我刚开始做独立课题，我要生第二个小孩。对我而言，生孩子是人生中很重要的事，我愿意付出这段时间。它对我的影响可能只是短期内身体上比较疲惫，我在事业上的能力不会因为大半年的怀孕阶段和半个月的生育阶段而减少。尤其在科研界，我们做研究像是马拉松长跑，不是百米冲刺。

她给予孩子玩耍、探索、做实验的自由，同时也要给孩子立下纪律

他非常想当科学家，我觉得这肯定和家庭氛围有关系。比如我在工作的时候，他看到我操纵实验室的机器人，会非常感兴趣。他才五六岁，这个年纪的小孩很自然地愿意花很多精力和大人做一样的事情，这一点我觉得还蛮有意思的。他会自己拿纸箱做一个机器人，还会做非常简单的小实验，比如在水里加不同分量的糖，看水的密度有什么区别；还会在水里放一些带颜色的东西，观察水变成不同颜色。在给孩子一些玩耍探索的自由时，我同时会给他立下纪律。比如有时小孩会由于一些很具有创造性的想法，把房间弄乱，我觉得这是可以的，但最后他要负责把房间收拾干净。

在教育小孩的方式上，有些是我向父母学的。父母在教育中允许我自己去做选择，并且要求我为我的选择负责。因为小孩总是有惰性的，做完选择之后需要有个人在旁边督促他做成这件事，直到培养成坚持的习惯。我家小孩学钢琴就是一个例子。学钢琴是一个很难的过程，每天都要练习，小孩子肯定会有倦怠的时候，这个时候我会问他是不是真的不想学了，如果他说还想学，我就要督促他每天练习。很多事情都是这样，他不想做什么事情，我们会问他有什么想法、后面打算怎么办，然后督促他落实计划。

她会常常回忆起，鲍哲南告诉大家她被评选为院士时，语气中的平静

哲南的思维很清晰，能利用有限的时间把所有事情安排得井井有条，对于一个像她那么忙的人来说，拥有时间管理能力是很有必要的，她的记

忆力也很好。最让我想学习的是她的心态，我基本上没有看到她有过很烦躁或者很生气的时候。我进入她的团队做博士后时，她已经是一位很有资历又很有声望的科学家了，事业处在很平稳的时期。我发现她面对任何问题，都不会在情绪上起什么波动，只是想着我们一起想办法解决问题就可以了。从师姐到我，我们都在不断学习她的心态并在工作中践行，这也会潜移默化地影响更年轻的研究者，就像师姐当初用她的行事逻辑改变了我看问题的方式一样。

还有一件事情让我印象蛮深的。有一次哲南跟大家说她被评上院士，那是 2016 年。当我听到这个消息时，暗暗在心里想，这是一件多么让人激动的事情。不过哲南和我们分享时，虽然她内心肯定是高兴的，但没有我们想象的那么激动，她的语气非常平静，仿佛在和我们说一件生活中很普通的事情。那一瞬间我好像理解了为什么很多伟大的科学家在获得荣誉时都表现得很平静。随着我自己做科研的时间越来越长，我更加理解，当我们一直朝着科研目标努力时，那些在别人眼里难以企及的荣誉和奖励，可能早已不是我们的目标了。尽管在外人看来，成为院士是一项很大的成就，但是当这件事情降临时，哲南可能觉得这只是她职业生涯的一个点缀，遇到了就坦然接受，没有遇到也不影响她的科研进展。这件事不会让她觉得自己已经达到了事业的顶点或者拿到了最高分，她依旧做她应该做的事情，依旧每天早上起来去开组会。

这些是我在学生时代无法体会到的，直到我后面一点点建立起自己的实验室，有了自己的职业规划，建立起自己的信心，才逐渐感受到。哲南的心态能鼓舞我不要有过重的得失心，无论我们有没有受到表彰，都要在心态上更关注自己眼下研究的问题。如果心情被学术圈的各类评奖左右，一个人就很难有时间和精力专心做自己的事情，这也是我经常要自省的。

徐洁（右）和鲍哲南（左）在斯坦福大学的合照

徐洁和她的第一个机器人

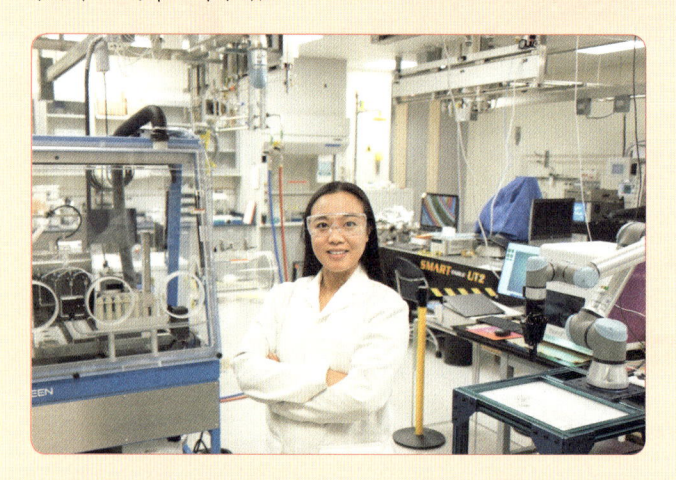

徐洁和机器人实验室

MIT 大学的女性科学家活动，徐洁（一排右二）

女性前辈强大的韧性鼓舞了她，让她看到了未来的困境与可能

斯坦福大学会有女性科学家的活动，在活动中大家能够获得精神支持。年轻女性会发现自己的问题，那些知名科学家也都遇到过很多工作上的困扰，别人都能都理解，互相之间会分享一些解决办法，让每一个人觉得自己不是孤身一人在面对问题。

对没有成为独立研究者的人，论坛上的分享能让大家知道科研工作是什么样子的，这对我帮助很大。她们不会美化科研道路，而是会直接给我们分享做科研会遇到什么问题、什么挑战，问我们有没有准备好，能不能接受。大家对科研有了具体的印象，能接受的自然会走上这条道路，不能接受的也可以尽快选择自己适合的道路。

我当时记得佐治亚理工大学有一位年纪比较大的教授，她家里有四个小孩。她说白天的工作效率需要足够高，晚上才有时间回去以后陪四个孩子，她基本上没有自己的时间。听完她的话，我感觉生小孩没有什么可怕的，像她要花那么多时间在孩子身上，依旧可以非常成功，那我也可以去尝试。她为我提供了一种可能性。虽然我看上去把大把的时间分配给家庭，实际上我的工作效率并没有降低，并没有让生小孩影响我的发展。

而且她给我的感觉是，生小孩并不会让一个人变弱。可能大家认为怀孕生孩子需要长时间休息，什么都不能做，女生也会自我怜悯，觉得自己很虚弱。但是这些科研工作者会觉得，生小孩没什么大不了的，我依旧可以工作，可以把工作做好，她们的话能够激励我淡化困难。她们每一个人的故事都很真实，没有人会创造粉红色的梦境，只会把你需要面对的境况如实呈现出来，再拿出解决方法。她们让我看到了女性科研工作者强大的韧性。

她觉得，一定会有更多人慢慢在心里认同女性在国际会议上的重要性

有一些学术会议要求女性比例，这是一件好事情。即使这现在还只是规章制度，可能很多人没有打心底认同，但是更多人一定会慢慢在心里认同这件事情。像国际化学会议年会，还有托管小孩的地方，那么妈妈带小孩去开会，会更从容一些。更多女性参与会议讨论，对女性自己是一种鼓励。我们可以想象如果一个圆桌上，只有一名女性，她讨论会议的时候会有什么感觉。如果一场会议只有两名女性，明年可能就只有一个，后年可能就没有了。当会议有一个硬性规定，我会觉得我在这个环境是很受欢迎的，有很多人都像我一样。

现在大家基本上都认识到女性比例的问题了，只是认识的程度还有地域性差异，或者执行上面还有差异，现在需要做的事情就是不断强调这件事情的重要性，让更多的人从心底觉得这件事重要。

她想对你说：

第一句话是损失点儿时间也没什么大不了的。尤其对于女孩子们，如果你希望有孩子，有些时间是你省不了的，比如生小孩，那就去享受它，不要让它成为自己太大的压力。

另一句是你的自信是需要时间去培养的，留一些时间慢慢让它孵化出来，对自己也要更耐心一点，每个人的职业生涯都很长，你有充裕的时间让自己成长。

第八章
李博：不惧冷门，勇往直前

李博在校园留影

2019 年，英国科学博物馆购买了一件具有划时代意义的藏品——一块用来检测人工智能技术安全性的路牌，并把它永久保存在收藏柜里。在这座有着 150 多年历史的老博物馆里，这块路牌向人们展现出机器学习的新浪潮，并将技术背后令人无法忽视的安全隐患推向了信息技术时代的潮头。

李博是此项研究的设计者，她的团队在停车标志上涂鸦，粘贴黑色或白色的贴纸。涂鸦和贴纸虽然不会遮挡警示语，司机看到路牌仍然能轻松地判断上面的文字，但是这些精心设计的图案却能够干扰自动驾驶的感知系统，让摄像头把停车标志误认为是限速标志，从而下达错误指令。大量实验显示，在各种场景下，对自动驾驶车辆的物理攻击都是有效的，这引发了人们对人工智能系统安全性的重新认识。李博也因此入选 2020 年《麻省理工科技评论》"35 岁以下科技创新 35 人"全球名单。

1989 年，李博出生于广东湛江，父母对她寄予了厚望，希望她以后成为一个博学的人。从小时候起，她就对自然科学有很大的兴趣，翻遍了家里的好几套《十万个为什么》，领略到了科学的美妙。

2007 年，对计算机产生浓厚兴趣的李博进入同济大学电子与信息工程学院，学习信息安全专业。此时，信息产业还没有进入飞速发展阶段，很多电子产品才刚刚进入大众视野，信息安全更是一个新兴领域。不过，她却能感受到这是一个有价值的研究领域。

大二去台湾交换学习了一年，让她真正体会到了研究的充实与乐趣。当时，台湾信息安全界的领军人物——逢甲大学的张真诚教授，来到同济大学开展学术讲座。李博听得津津有味，随后，她果断申请了去台湾的交换项目，在张老师的实验室做研究、写论文，这让她对信息安全有了更深的理解。

本科毕业后，李博去了美国范德比尔特大学攻读博士学位，并选择将机器学习作为自己的科研方向。当时，全球从事机器学习研究的学者屈指可数，导师提醒她，该领域未来前景还不好判断，但她面对自己感兴趣的研究方向没有丝毫犹豫，并且相信能够把信息安全知识和机器学习结合起来，弥补机器学习的缺陷。果然，其后人工智能技术的大火让很多技术有了不错的应用前景，也让安全问题变得更为突出。

2016 年，李博手握 25 篇会议论文、11 篇期刊论文获得了博士学位，并在一个月内获得美国多所大学的教职录取通知。此时，她却选择花一年时间跟随全球知名的计算机安全领域的教授宋晓冬教授做博士后研究。这一年，诞生了机器学习领域里程碑式的研究成果，同时也诞生了一块能进入博物馆的路牌。

目前，李博担任美国伊利诺伊大学厄巴纳－香槟分校计算机科学系教授，并于 2022 年获得斯隆研究奖。她的研究成果被用在了国际商用机器公司（IBM）的人工智能系统、亚马逊的智能音箱、腾讯的微信等多个产品上。她将带领自己的团队，在机器学习的安全性领域不断做出突破，致力于在新技术浪潮席卷全球时，开创出更安全可靠的未来。

李博常用顺利和幸运来形容自己的研究经历。的确，当初选择机器学习安全方向的她，哪里能预料到，曾经全球只有几十个人研究的领域，在

实验测试总结

对抗性目标
停车标志 –> 限速45千米/时
Right Turn –> 停车标志

Subtle Poster　Subtle Poster　Camo Graffiti　Camo Art　Camo Art

机器学习的健壮性测试

童年时期的李博

如今的互联网时代，能发展成所有新兴行业的基石呢？或许在她最初的设想里，她的研究只能激起寥寥数人的兴趣，大家思考着有些虚无缥缈的问题，假想出信息世界的一个个攻击者。

然而，任何人都不能预测哪个领域是下一个风口，没有人说得清哪个专业会步入寒冬，哪个专业将迎来黎明，我们能把握的只有自己当下想做什么。正如李博自己所说："我没有想那么多，选择专业时还是以兴趣为主，我认为一个人有兴趣才能在专业领域里面做得好。"

书本打开了她认识世界的大门，计算机竞赛让她认清了自己的兴趣

小时候我很喜欢读书，最开始读故事书和小说，后来慢慢读到科普书，我还有好几套不同版本的《十万个为什么》。高中的时候，我们学校有月考，老师会送给月考成绩前三名的同学每人一本书。当时我对物理非常感兴趣，一直在挑物理老师买的书，学了很多非常有意思的物理知识。

《时间简史》和《果壳里的宇宙》两本书是我当时最喜欢的。高中时期我还接触到一本很有意思的书——《数学天书中的证明》（Proofs from THE BOOK）。这本书很适合入门的人来阅读，高中生和本科生都可以读得懂。书里面介绍了35个著名的数学问题，然后用很浅显的例子和直观的现象来解释这些问题，再把一些很有趣的证明展现出来。我在高中接触到中文版本，等我上了大学重读过英文版后，发现里面很多想法我在后面的学习中都能用到。

初中和高中时期，我参加了一些学科类竞赛。数理化等各个学科的竞赛我都参加过，也获得了奖项。通过竞赛，我提前了解了大学期间各个领域都要学习什么，我发现自己还是对计算机更感兴趣，觉得计算机竞赛更

李博家中的一角放着她的获奖证书

中学时期李博获得的证书

好玩，所以决定到大学去学习计算机专业。

平衡时间是每一个本科生的必修课，她选择把前三年分给学习和研究，在最后时刻准备出国英语考试

进入大学后，每个人的时间变得更灵活了，可以安排和协调的事情变多了。我需要自己确定选哪些课，每门课需要掌握到哪种深度，哪些课程比较重要，还要确定哪些事情比较重要，要把每天的时间安排在什么上面，才不会把时间浪费掉。最开始我也犹豫过到底应该怎么平衡时间：是应该在编程上多花点儿时间，还是应该多去看看数学和物理的基础知识；是去多学一些其他方向的通识课程，还是提早准备托福等英语考试。

后来，我静下心来自己好好想了想，衡量利弊后，决定先把专业课学习到比较深的程度，于是我在编程课上花了很多工夫。除了计算机类专业必修的基础课程外，我还修读了一些更贴合信息安全的核心课程，例如密码学。密码学作为网络安全的基石，引发了我极大的兴趣。

我从大二开始，做了一些项目和研究，前三年时间我基本都安排给了学习和研究，把 GRE 和托福安排在了最后一年。因为我安排给英语考试的时间非常有限，如果一次没考好的话，就没有时间再考一次了。但我觉得有时候背水一战，可能会收获到更好的效果。

由于周围很多同学很早就开始准备英语考试了，所以我当时非常焦虑。我有一个学习很好的好朋友，她把自己做的题分享给我，还邀请我一起做模拟题。那是我第一次做模拟题，结果出来后，我和她差了好几百分，当时我特别受挫。后来，我每天从早到晚泡在图书馆里背单词、练作文，经过一两个月的突击，终于拿到了不错的分数。回想这个过程，可能正是焦虑感迫使我提高了复习效率。

大二接触到科研的她，像一条游到大海的小鱼，对周围充满了好奇

大二时，逢甲大学的张真诚教授到上海访学，他是台湾信息安全界的领军人物，他在讲座上讲了信息安全和计算机领域发展的问题，当时我坐在台下，觉得他讲的知识太有意思了。讲座后我还和他聊了很多，刚好没过多久，我们专业有一个去台湾交换学习一学期的机会，我很高兴地问他可不可以到他的组里去做交换生，他说可以。后来我利用这个机会到台湾学习，这是我第一次真正接触科研。

接触科研后，我发现这个过程非常有意思。从最开始读文献进行调研，学习怎么高效地读文献，提出新的研究思路，再去进行我自己的研究，然后跟着硕士和博士研究生还有老师一起写论文。那是我第一次发表论文，拿着我做出的成果来到学术会议上展示，这种努力后的回报对我而言是极大的激励。开会时，周围都是很厉害的老师和学者，我在大家中间，发现每一个人都懂很多东西，原来信息安全领域有这么多可以探索的地方。这种感觉就像我原本是一条小溪里的小鱼，突然游到了大海里面，看着周围的世界觉得大开眼界，对周围也充满了好奇。此时，我对科研产生了更强烈的兴趣。

回到学校后，我和张老师的实验室也没有断开联系，我一直继续发论文，研究进行得比较顺利。隔了一个学期，张老师说如果我愿意去的话还可以再去一次，于是我在大三下学期又去了一次台湾，那段时间我发了好几篇论文。我当时考虑过是在台湾还是出国读博士，后来还是想看看更大的舞台，于是选择了出国读博。我大四回来后，才开始准备托福考试，为出国做准备。由于我有三四篇论文还有张真诚老师的推荐信，博士的录取过程也比较顺利。

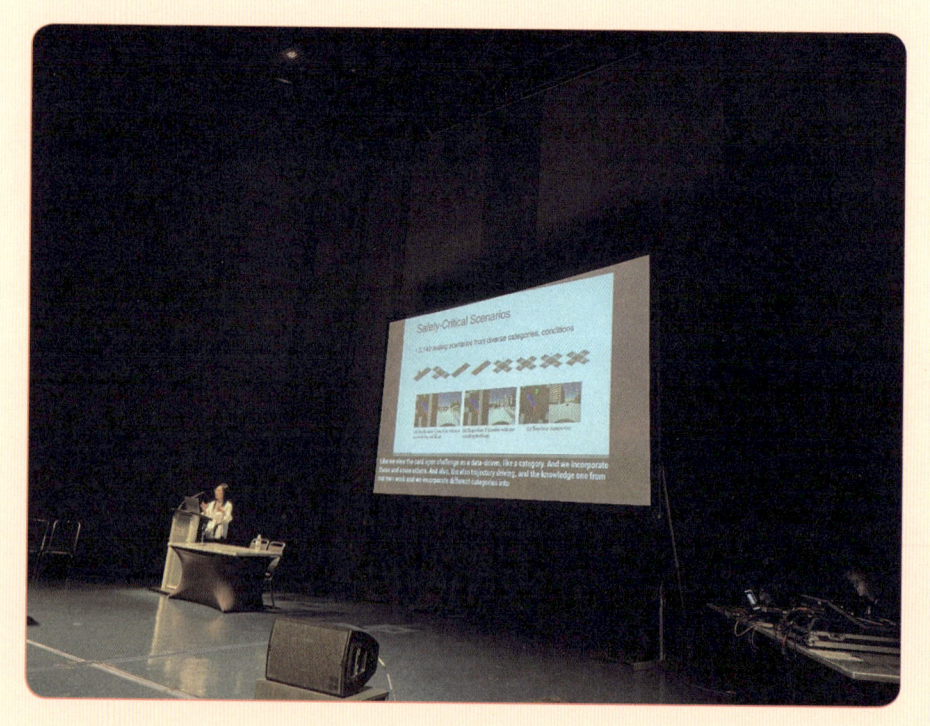

李博在会议上介绍自己的研究成果（组图）

> **虽然父母的专业不是人工智能,但是他们仍然关注着女儿研究领域的新动向**

父母对我选专业、出国等决定都很支持。由于我研究人工智能方向,他们会关注相关的公众号,有时候跟我聊人工智能的话题,比如说一说谁又做了什么新的研究。有一件事情我印象蛮深的,本科毕业时,我的毕业论文有厚厚一本,我把论文拿回家就放到一边了。我爸爸没有研究过人工智能,对计算机领域没有太多了解,但他特意把我的毕业论文拿到办公室,仔仔细细看完了一整本论文。他努力看完后,就会在吃饭时和我讨论问题,问我哪个地方为什么这么设计。我心里非常感动,真切地感受到了家人的关心。他们并不需要实际做什么来帮助我,但是他们一直在关注我做了什么,这种关心能给我很大的动力。

李博与父母

人工智能的寒冬尚未过去时，她遵从兴趣选择了一个冷门方向

2009 年可以说是人工智能的寒冬。我在 2011 年出国做机器学习安全方向的课题时，虽然人工智能领域稍有些复苏，但发展仍然很迟缓，深度学习还没有兴起，整个领域不像现在那样蓬勃发展，我做的内容更是如此，全球只有几个小组在做博弈论的相关研究。不过当时我没有想那么多，选择专业时还是以兴趣为主，其实不管是热门还是冷门专业，竞争压力大还是小，一个人有兴趣才能在专业领域里面做得好。

我本科期间没有做过机器学习的内容，博士期间却很想做关于机器学习的研究。我的导师是一位很聪明也很开明的犹太人，她了解到我是信息安全背景出身，建议我把机器学习和信息安全结合起来，我觉得这是一个很有意思的研究方向，对我和人工智能领域来说，都是一次新的尝试。

一开始，我的导师在我这个方向上连项目经费都没有，这意味着我很有可能做到中途就没有经济支持，从而被迫换到新的方向。当时导师手里有一个太阳能相关的项目是有经费的，但是我对太阳能的兴趣不大，所以我依旧坚持选择我想做的东西，认为至少应该先尝试一年。幸运的是，一年之后我做出了一些成果，因此导师申请到了四五年的项目经费，我的项目也得以持续做下去。

人工智能领域的前景终于迎来转机，她毕业后没有立刻接受教职，而是先去了宋晓冬老师的团队积累学习经验

人工智能领域在我毕业前有了突飞猛进的发展，模型的安全性在此时也受到了关注。我所研究的领域突然变得特别重要，到目前为止，机器学习是最火的领域之一。所以，我后面找教职的过程就很顺利，博士毕业后

博士毕业的李博和合作伙伴

我就拿到了几个学校的录取通知。但是，我希望多积累一些经验，于是就把入职时间推迟了一年，先到伯克利的宋晓冬老师带领的组里做了一年博士后。

这一年里我有了非常大的进步，宋老师作为研究计算机安全领域的顶尖人物，她有很多好的想法，眼界极其开阔，能够快速把握到问题的本质。通过宋老师的帮助，我得以和更多顶尖研究者接触，向他们多多学习，这些都带给我很大的收获。

国际人工智能联合会议"计算机与思想奖"获奖现场

从学生顺利地转变为教授，她如今正带领团队，准备迎接新的挑战

因为学校允许我在博士后期间招收学生，博士后时期申请的项目也可以直接延续到现在，所以我在学校最初建立的独立实验室一开始就有两个学生，还有项目资金，进展得比较顺利。从 2018 年成为教授，目前我的组里已经有 12 位博士生了。我们组的每个学生都在研究不同的方向，我觉得这样对他们毕业后找工作很有好处，彼此之间能够有区分度，如果今

后他们继续深耕研究，还能达成良好的合作，这对他们之后的发展是很有帮助的。

带领团队要求我不仅要有很好的科研想法、过硬的专业技能，还要有一定的管理能力，保证大家都高高兴兴地进行研究，保证每一个人都能参与进来，在项目里发挥自己的长处。另外，我需要和每一个学生单独开会，了解他们的特点、进展和近期遇到的困难等，留给项目的时间就很紧张，这更考验我合理安排时间的能力。我还需要申请项目资金，对外展示我的项目，这也是研究中很有意思的一项内容。但是，这些我在博后阶段都经历过，所以在过渡期没有遇到太多问题。

我们组内的氛围还是比较宽松的。我对博一、博二的学生管理得相对比较多，沟通交流也比较多，会帮助他们梳理科研想法。当他们的知识和眼界提升上来了，我就会给予他们充分的自由去做自己感兴趣的内容。

创建更安全的人工智能系统

人们生活中的大部分电子设备都离不开人工智能系统的支持，比如智能识别技术、智能语音技术、自动驾驶、智慧城市、智能医疗。大部分人工智能采用机器学习技术，让计算机仿照人类的学习方式，从一部分数据中获取固定的规律或模型，再应用到新的情况里，之后根据结果不断修订模型。然而，如同一个人如果在成长中受到了错误的引导，就会形成错误的观念，同样，如果计算机被恶意攻击，遇到了错误的样本数据，人工智能系统在使用中也会存在极大的安全隐患。

近年来，有少数对机器学习发起的攻击获得了成功，亚马逊、谷歌、微软等大型公司都深受其害。针对现在和未来可能面临的严

李博和学生

李博和合作者

> 峻形势，研究者通过模拟不同的攻击模式，阻碍或干扰计算机的机器学习进程，让机器学习发生错误，从而更深入了解计算机的学习方式，针对性提高其防御能力，提高机器学习的安全性。
>
> 除了对样本"投毒"，攻击算法还可能采取不同的形式来影响机器学习的模型，比如修改数据分布模型。李博教授指出，"深入研究潜在针对机器学习模型的攻击算法，对提高机器学习安全性与可信赖性有重要意义。"
>
> 在产业界，智能技术的安全性也受到广泛关注。2021年，清华大学联合阿里安全等顶尖团队发布了首个公平、全面的AI攻防对抗基准平台，旨在提高机器学习的安全性，为未来的人工智能系统提供安全保障。

在闲暇时她喜欢走出舒适圈向外探索，她的下一个探索计划是学习开飞机

我觉得自己在科研工作和生活上平衡得还不错，闲暇时我会弹钢琴，偶尔玩吉他，这都是转换思维的放松方式。锻炼同样也是，像跑步就会让思绪变得更清晰，身体也会更好，这会弥补有时候熬夜对身体的损伤。

对我来说，看不同领域的论文也是一种放松方式。我会看一些跟我的研究领域完全不相关的内容，比如说生物学方面的研究，尤其是医疗方面的。我之前看的论文有提及不同的肿瘤长什么样、脑部的血管长什么样、现在的治疗方法是什么，我能从中得到很多启发。有时候我会想为什么医生能够从片子里看出来疾病，但机器看不出来，目前的人工智能也学不会

看诊的方法，我还会思考怎么让人工智能学会医学领域的知识和思维方式。这些问题我现在虽然还没有研究到，但是我看论文时不断积累的其他领域的知识，有可能之后用在我的研究中，让机器学习能够应用在医疗领域。

我很想了解更多的东西，走出自己熟悉的小圈子去学习新的东西是很有趣的一件事。在学习新东西时，我总能发现它和我已知的东西有相通点，这能给我很大激励和启发。我以后想去学开飞机。我们学校大概有三分之一的老师拿到了飞行执照。飞机作为机械其实跟我的专业也有关系，我现在很期待去学开飞机，这一定很有意思。

伴侣作为她的同行，能够在很多事情上理解她

我的伴侣是我的同行，我们是合作者。最开始我们只觉得合作很顺畅，时间长了之后，除了聊学术，我们还会在一起聊聊学生，交流指导学生的经验。沟通多了以后两个人感觉三观比较一致，就在一起了。作为同行，他能够理解我做的事情，我们的很多想法也都一样。此外，由于我们做的方向不完全一致，彼此也能相互学习、相互促进。

可以讲一个小细节，有一次我们出去吃晚餐，我记得是吃感恩节晚餐，比较隆重。我吃到一半时突然有一个会议，我需要去开会。对此，他完全能理解，他有可能也会遇到同样的事情。但是不做科研的人，比如我的父母，可能就不能理解这种事。别人可能会说："你一定要在吃饭的时候开会吗？"但我和他完全不需要解释，交流起来比较方便。

宋晓冬教授可以说是她见过的最优秀的研究者

很多进入计算机领域的女生都做得很好，其中知名的科学家有李飞飞

老师，还有我的导师宋晓冬老师，她是一位非常优秀的研究者，可以说是我见过的最优秀的研究者之一。我在她的团队做了一年博士后，见识到她身上有许多优秀研究者共有的品质，比如积极努力地探究问题、严谨、有魄力。尽管她现在已经非常成功了，但是她在研究上依旧没有丝毫懈怠。我们经常在晚上打电话开会或者讨论一个问题。宋晓冬教授是一直活跃在前沿研究领域的科学家，对一位资深的科学家来说，这是很难得的事情。她的科研直觉很准确，我们会在一起讨论什么样的问题是重要的，什么样的问题是不重要的，她每次都能捕捉到很关键的部分。

她的严谨细致是她能成功的又一个原因，我们论文或项目中的每一个小问题，她都会注意到。比如我们一起写基金申请的时候，她会提出我们要不要加一个以前的案例，还是只讨论目前这一个例子，类似的每一个小细节我们都会讨论很久，确保我们在陈述时的逻辑更清晰完整。

李博在 WTO（世界贸易组织）留影

> **作为一位颇具魄力的研究者，宋晓冬教授经常和学生强调交流的重要性。如今，她同样引导团队里的女生要勇于表达观点，并看到了学生的进步**

宋老师是一个很有魄力的人，她不仅在学界有建树，还进入产业界，开了自己的公司。这就要求她和很多人进行交流，恰好她就是一个善于表达的人，善于向别人提问题。宋老师几乎和每个学生都强调过交流能力的重要性，因为大家的研究能力都不差，能不能很好地把自己做的工作表达出来，让别人领会到其中的价值，就可能成为更重要的决定因素。如果表达不好，之前的努力可能都会白费。

我的学生里面有一些女生性格腼腆，不太敢于表达自己的观点，但是我在和她们单独聊项目方向、未来规划的时候，发现她们同样很有想法。比如我带过的一个女生，她就比较腼腆。她先在我的团队实习，然后读博士，现在我推荐她去一家公司实习，发现她进步得特别快。公司里面有我之前的学生和合作者，都反馈她做得很好，在讨论的时候有很多想法，没有反映她有不敢表达的问题。其实只要给一个合适的引导，她可以很快融入新环境里。

她发现周围通常是男性在承担照顾孩子的职责

很多女生会考虑生育压力，我觉得这个问题不大，因为生孩子最多需要一年，我们可以灵活地调整时间，要把生孩子作为生活的一部分去考虑，顺其自然。

我希望男女在家庭分工上更平等一些。在国外我发现大多是男生带孩子，路上推婴儿车的基本都是男性，老师们开会时，也经常看到男老师抱

李博在会议上介绍她的研究成果

着孩子开会，很少看到女老师抱着孩子开会。因为大家普遍认为女生生孩子已经很辛苦了，男生就要负责带孩子。这些男老师们都觉得带孩子很正常，因为他们的妻子也都要工作，并且男生的体力好一些，感觉更适合带孩子。有时孩子哭闹，他会在会议中途出去，大家也都理解。学校也会尽量提供母婴室和专门照顾孩子的日托所给这些爸爸妈妈。

人工智能可以把女性从家务劳动中解放出来，她同时强调，处于初级阶段的人工智能还存在很多问题

在家务劳动上，现在女性相对而言承担得更多，未来人工智能可以负担一部分烦琐的家务劳动，比如洗碗擦地，能把女性从中解放出来，这也会更有利于女性事业的发展。

不过人工智能目前还在初级阶段，还需要研究人员注意其中存在的问题，不断进行调试、修正。之前有一个很经典的例子，人工智能做筛选

李博在WTO（世界贸易组织）OMC留影

简历时，会根据录取者的模型进行学习，在编程岗位的简历筛选中，机器学习算法会自动把女生的简历都筛掉，只留下来男生的简历。这证明算法会根据人的偏见、偏好过滤数据，这可能会加重偏见。这个事件被一位女生反映出来，然后大家才意识到，要一起去解决人工智能里的公平性问题。

她想对你说：

女生需要更主动地表达出自己的观点和困难。相比于男生，女生可能性格更腼腆，不敢正面表达意见，这会导致在讨论问题时，导师不了解你遇到了什么困难、有什么想法，就没办法给予合适的帮助和指导。

更重要的是，我觉得女生应该坚持自我，做自己喜欢的事情，不要用性别束缚住自己、给自己太大的压力。

第九章
同丹：为气候政策贡献中国力量

同丹

2016 年 9 月，同丹在《自然 – 地球科学》(Nature Geoscience) 上发表文章，首次揭示了全球多边经济贸易活动中隐含的气溶胶污染对直接辐射强迫的影响；2017 年，她的研究成果"全球国际贸易隐含的 PM2.5 跨界污染的健康影响"提名当年中国十大科学进展；2019 年，她指出全球现有能源设施对 1.5 摄氏度温升目标造成严重威胁，该项研究入选全球最受公众关注的 100 项研究。

近年来，气候变化和减污降碳逐渐成为新时代的风向标。在全球变暖的背景下，各国于 2016 年缔结《巴黎协定》，旨在将全球平均气温上升幅度与前工业化时期相比控制在 2 摄氏度以内，并努力限制在 1.5 摄氏度以内。同丹的研究基于全球尺度大气污染物和温室气体排放数据，建立能源环境经济综合评价模型，从而为气候政策的制定提供依据。

青少年时期，在遇到不少优秀的老师后，同丹对老师这个职业产生了向往，希望今后可以教书育人。2009 年，在陕西省渭南市瑞泉中学的一间教室里，读高三的同丹觉得自己应该到外面去见见世面。于是，她在报考时选择了北京航空航天大学。被调剂到环境专业的她最开始对专业前景充满担忧，同学之间相互调侃时还会说"大家毕业之后一起去扫大街"。

转机出现在 2012 年前后，当时日趋严重的雾霾现象和大气污染事件引发了大众热议，也让环境专业的学生直观看到了未来治理大气的重要性，此外，2013 年美国发布的中国 PM2.5 指数也把社会舆论推向了高潮。此时，保研到清华大学攻读博士学位的同丹，师从贺克斌教授和张强教授，开始了全球尺度大气污染物排放定量表征后面的研究。

2013 年，同丹刚刚进入清华大学读博，贺克斌老师的一番话让她踌躇满志，希望在大气领域做出具有贡献的研究。然而，此时她还没意识到，等待她的是长达三四年的研究历程。从确定下前人没做过的研究课题开始，她注定走上一条艰辛又有些孤独的道路。搜集全球各地的电厂数据、建立标准化的模式、构建合适的数学模型，这听起来简单，但每一步却都暗藏荆棘。

来到清华顶尖的科研团队，同丹立志要做出全球领先的科研成果。经过不断地调整尝试，她把目光转向了全球电厂排放定量表征方向，把实验室里针对中国大气污染排放的模型方法推广到全球，并在 2016 年发表了研究成果。

2017 年，同丹所在的课题组又在《自然》上发表了《全球大气污染输送和国际贸易的跨界健康影响》一文，针对环境污染以及国际贸易等重点问题，对发展中国家降低污染水平和提升自身在全球产业链中的地位进行了合理的分析和提供了有效的建议，获得了国际社会的广泛关注。

2018 年博士毕业后，同丹来到美国加州大学欧文分校地球系统科学系开展了为期三年的博士后项目，在这个过程中，她学习了如何为团队选择研究方向，也为今后成为独立的科研工作者打下了基础。

全球制定低碳发展战略的过程中，基于大量的数据挖掘和分析而产生的新认识能够给未来政策的制定带来指引，于是建立中国的基础数据库非常重要。如今，同丹回到清华大学成为助理教授，逐步实现她青少年时期想要教书育人的理想，并且用自己的科研成果为国家制定气候政策提供助力，在全球气候变化环境共治中发出中国声音。这不仅让她很快乐，也让她体会到研究该领域的价值和成就感。

同丹一路披荆斩棘，终于用中国的模型方法做出了全球数据。此时，她抬头再次眺望整个气候变化领域，惊喜地发现她的进步，给有关气候变化的政策制定提供了可靠的依据，在国际舞台上贡献出了中国力量。

小时候守在电视机前面，幻想自己能够成为律师，用法律改变世界的同丹，怎么也没有想到，如今自己会用科学研究指导政策，将政策逐渐转向更具人文关怀的方向。可是谁又能说，如今这位用科学改变世界的女性，没有实现当初的梦想呢？

同丹在 TR35 活动中分享数字赋能推动全球碳中和

> **小时候，她向往成为一名人民教师，如同高中的班主任一般，引导学生走向更广阔的天地**

我小时候并没有接触过科学研究，当时对科学的理解很抽象，也没有想过以后要做科学家。因为我在每一个求学阶段都会遇到一些良师，所以我当时非常向往成为一名传道、授业、解惑的老师。

在高中时，物理算是我的一个薄弱课目，尤其是没入门的时候，我觉得物理知识很枯燥，有许多需要死记硬背的公式。那时，我的班主任刚好是物理老师，他引导我们学习物理知识时，会用很多生活中的例子或者实验，来帮助我们更好地理解它们背后的物理原理。他不断地鼓励我，挖掘我在物理方向的潜力和兴趣，他对我说："物理不是一个通过公式去推导、去练习的学科，物理是很贴近实际生活，每一个生活中的现象，背后都蕴含着物理意义。"

作为一位班主任，他还引导我们看向未来，而不只是紧紧盯着高考，他鼓励我们开阔视野，对人生做出更长远的规划，支持我们在繁重的学业以外挖掘生活的乐趣。他同样鼓励我们从事一些体育活动，当时我们班只有 30 个人，但我们的教室很大，他就在教室后面放了张乒乓球台，让我们下课或者中午的时候多去锻炼身体，调节状态。因此，我的高中生活并不枯燥乏味，我知道了如何调节自己的情绪，怎么平衡工作和生活，给我今后的人生带来了很多帮助。直到现在，我还经常通过锻炼身体来缓解工作中的疲惫，比如做瑜伽。

> **她想过当老师、当律师，却没想到被调剂到环境专业**

除了想当老师，小时候我还对法律感兴趣。当时香港的刑侦破案片特别流行，我写完作业经常守在电视前看律政类的港片，看到里面的人运用法律手段惩恶扬善，我就也很想成为律师，凭借自己的法律知识来帮助他人，拯救他人。甚至在高考填报志愿的时候，我还想过报考法律专业。然而法律属于文科，我高中时学的是理科，选择法律专业并不适合，只得作罢。尽管如此，我在大学还是修了法律的双学位。

我的眼界很多时候受限于我所在的地方，所以在估分报志愿时，我爸爸一直鼓励我要走出去，去外面见世面。虽然陕西的西安交通大学是很好的学校，但是西部地区终究没有北上广那么发达。于是，我在最后确定了几个位于北京、上海的学校，比如北京的北京航空航天大学、上海的同济大学。当时我报了北京航空航天大学的航空航天专业，然而最后被调剂到化学与环境学院的环境专业。在看到结果的时候，我心里还犹豫过要不要去，因为当时是2009年，大家都不了解环境专业是做什么的，但是最后我还是抱着尝试的态度去学了环境专业。

环境专业当时很冷门，连我们自己都不知道毕业后能干什么。我们专业的同学之间互相开玩笑，还会说等毕业之后我们去扫大街，一起当环卫工人。我抱着"既来之，则安之"的态度，想着好好利用在大学的时间，学到更专业的知识，并没想过会继续读硕读博。修法律专业的双学位一部分原因是因为兴趣，另一部分也是考虑到就业问题。因为环境相关的工作，待遇相对比较差，因此有一部分同学在本科期间会学习金融类知识，读研或找工作时也会换到其他专业。

转折点出现在保研面试中，贺克斌老师的一番话燃起了她投身科研的斗志

环境专业的课程除了有基础知识、实践类的内容，还有偏政策类的课

程，我逐渐发现，自己对政策类的知识还是比较感兴趣的。接触到有关污染治理或者环境保护的课程后，我开始思考环境专业的知识是否能帮助解决一些环境问题。尽管环境问题在当时还没有受到足够重视，但我却慢慢发现了这个学科的实际价值。

我在本科期间专业排名第一，所以有保研的机会，我希望到清华大学、北京大学试一试。我来到清华大学参加面试时，刚好研究大气方向的贺克斌老师想招学生。尽管贺老师当时还没有成为院士，但已经是环境领域很有声望的一位学者了。在第一次接触的半个小时里，我最深的印象是这是一位很有亲和力的老师。

贺老师和我聊了很多具体科学研究以外的东西，给我描述环境领域的蓝图，畅想环境专业未来能够做什么，我们为什么要做这一份事业，环境研究为什么重要……我能感受到他特别鼓励学生去挖掘新的科学方向，他觉得学生并不是做好一个固定的课题，就可以毕业了，那是对学生的束缚，那也不是好的科学研究。贺老师的亲和力以及他对科研的展望，让我更有信心投入到环境科学的事业中去，可以说这是我科研的一个起点和契机。

面对具有挑战性的新课题，她切身感受到了读博的艰辛

有个说法是"读博士要被扒掉几层皮"，我对此感受颇深。贺老师带领的团队是一个学术水平很高的团队，清华是世界顶级的院校之一，毋庸置疑，我们要做的是别人没有做过的前沿课题。对于我这样一个初出茅庐的学生来说，这件事的难度很大。刚开始，我一直在找自己感兴趣的研究方向，我的两位导师也不断鼓励我去挖掘新的方向，我需要阅读大量文献，就算定好方向后也要自己尝试探索很多新方法。

最后我确定的课题是全球电厂排放清单，因为当时组内已经把中国的电厂排放清单做到极致了，也得到了广泛认可，但是我们的研究方法还没有尝试拓展到全球。我当时觉得这个研究做出来一定有很高的价值，因为电厂是工业生产必不可少的单元，也是污染物和温室气体的主要来源，它的排放数据对我们研究大气污染和全球变暖问题都至关重要。这个极具挑战性的研究让我很兴奋，同时老师也一直在鼓励我。

由于组里没有人做过这个课题，师兄师姐没有太多能够给我借鉴的经验，很多事情都要我自己不断尝试、不断调整，失败后再跟老师去讨论，然后去尝试调整具体的操作。课题里面最难的是建模，我也很难获取到全球的数据。在搜集信息的过程中，我要面对不同的语言，另外不同国家的标准和数据处理系统都不一致，所以在建模的过程中我需要想办法建立标准化的模型，让数据具有可比性。

我花费了三四年，才把第一个工作做出来，里面的每一步都遇到了很多困难，但我并没有感受到很强的挫败感。因为只要不断努力，我面对的所有问题总是会找到解决方法，我能看到自己的进步，这对我是很大的鼓舞。我们课题组的氛围很好，大家遇到问题会相互安慰。老师也会宽慰我说，这是一个新的研究，总会遇到很多困难，所以一定要保持良好的心态。

这项工作虽然耗时很长，也比较艰辛，但它对我后来的所有工作都有很大的帮助，我的信息收集能力和规划能力有了质的飞跃。我现在能在很短的时间内，把我需要的信息做成标准化的格式，然后利用数学工具或其他工具构建模型。

同丹在清华大学的毕业照

刚刚步入独立研究阶段，她需要花更多的心思来考虑与学生契合的方向

博士后阶段让我更清楚了怎么去成为一名独立研究者，它既延续了我博士时期的学习，又是我独立科研事业的起点。博士后期间，我的合作导师同样会鼓励我多寻找自己感兴趣的方向，我会和导师沟通我可以做什么，我的优势在哪里，我对什么问题感兴趣，然后去确定我感兴趣的科学主题，我还会和导师聊我会怎么设计课题，在这个过程中，我也会去思考未来自己想完成什么样的事。

在这个阶段，我更注重广泛阅读文献，尤其是最新方面的研究，我还会听讲座了解大家从事的工作，寻找我还有什么可以挖掘的方向。此外，我会去研究发布的相关政策，了解未来在气候变化领域和环境领域会有什么大动作，这些会产生什么影响，再结合我自己擅长的领域和方向找到一些研究主题。

自己带学生之后，我的想法又需要有一些转变，我要考虑不同学生之间的差异性。根据不同学生对于问题的理解以及感兴趣的程度，找到他们的兴趣和科研问题的契合点，从而帮助他们快速确定自己研究的方向。同时，他们的方向也要和我对未来科学事业的宏观科学视野相契合。这些宏观规划都是需要我花更多的心思和时间去考虑的。

环境研究能够对政策的制定有所帮助，从而提升人民的幸福感和公众健康水平，她从中体会到了研究的价值

我觉得很多领域的研究最终的目标都是人文关怀、以人为本，当然环境是一个相对而言比较容易被大家想到的专业，像我们做的"全球国际贸

同丹受邀参加夏季达沃斯论坛并演讲（组图）

易隐含的 PM2.5 跨界污染的健康影响"就涉及了大健康方向。

其实大气污染里面的颗粒物是比较抽象的，大家很难直观地认识这个问题。雾霾问题能被大众关注，也是因为它的浓度直接反映在能见度上。我们看今天天气不好了，就会说今天雾霾又超标了，它能给大家一个非常直观的感觉，这会和大众的幸福感、个人的健康联系起来，大家才会对科学研究有一个更深的认识。我们从事的科学研究，如果能直接联系到公众健康，量化某一个数据对于公众健康的影响，就能够对政策的制定产生更直接的指导作用。目前我们的科学研究能够对政策有一定的帮助，它可以帮助我们去设计一些政策，或者对现有的政策做出修正，我觉得这个是有价值的。这两年进行的清洁空气行动计划，让我们能够直观感受到人民的幸福感和公众健康是提高的，这样大家就会认可我们的研究，有关政策的实施也确实发挥了作用。

环境领域也有一些研究课题，并不面向目前的环境状况，或者说是面向一些公众并不是很了解的状况。比如在碳中和政策出来之前，大家其实对碳的关心没有那么多。在气候变化方面，也是因为这两年我们能够非常明确地感觉到极端天气事件频繁发生，才认识到这些问题的存在。大气里面除了颗粒物，臭氧的影响也很大，但是大家提得并不多。其实在夏季，臭氧是很容易超标的，尤其是在南方地区。虽然没那么多人关注，但是我们在做环境治理研究的时候，臭氧仍然是重中之重的问题，并且它没有那么容易解决，所以这些研究也非常有价值。

如今环境专业仍不被一些学生看好，她提出了自己的设想

我不否认尽管大众相较于以前更注重环境保护问题了，但还是有不少本科生觉得环境专业没有很好的前景。我也经历过环境专业的培养，环境

领域细分下来有水、大气、固废，还有规划和环境法等方向，事实上本科学习的内容是非常宽泛的，学生需要了解每一个分支，但又对每一个方向接触得非常浅，所以大家会觉得当就业的时候，不知道自己该去做什么。我当时确实也有这样的感觉，觉得学了很多东西，但是确实没有很深的印象。此外，我们当时也要学物理、化学和工程类的课程，但是大学四年的课程都没有给我留下很深的印象。我只能说我对环境专业不排斥，我觉得自己可以选择继续深造。

所以我有一个不太成熟的理想化设想，未来环境这个大类专业可以再细分一下，在大二、大三时设置一些针对性更强的、更深入的课程，挖掘同学们真正感兴趣的东西，而不是泛泛地讲解每一个分支，我认为这样的设置可能会让同学们真正了解到具体的问题。尤其是在碳中和与气候变化的背景下，我觉得未来环境专业的课程设置与定位，可能都会发生一些改变。因此在课程设置上应该更注重以讲座等多种形式提供给学生们宏观的科学视野，帮助同学们更好地理解，在环境类工作里面我能做什么，如果要去从事科学研究，我又能做什么。

推动全球碳中和

自工业革命以来，人类生产、生活中二氧化碳的排放量攀升，导致全球地表平均温度上升、各种极端天气频发，这对人类的生存造成了极大的威胁。面对碳排放过量带来严峻的生态问题，2015年签署的《巴黎协定》设立了全球应对气候变化的长期目标：将全球平均气温较前工业化时期上升幅度控制在2摄氏度以内，并努力将温度上升幅度限制在1.5摄氏度以内。各国达成共识，在2050年前，

> 所有发达国家应该实现碳中和；2050年后，其他国家逐渐实现碳中和。
>
> 2020年，我国提出二氧化碳排放力争于2030年前达到峰值，努力争取2060年前实现碳中和。碳达峰指企业、团体、个人或行业间接或直接产生的二氧化碳总排放量达到历史最高值，此后持续下降；碳中和指企业、团体或个人在一定时间内，直接或间接产生的二氧化碳排放总量，能够通过植树造林、节能减排等形式抵消，实现二氧化碳"零排放"。这意味着我国的能源结构和产业结构需要发生根本性转变。除了技术革新，数字赋能也可以助力碳中和目标的实现。研究者利用数据来进行科学推演，可以模拟出未来可能实现的转变以及可能出现的挑战，为政府及企业决策提供依据。就像同丹及其团队持续做的全球能源基础设施数据库，不仅可以用于全球气候变化环境共治，还可以帮助相关研究人员做大量可再生能源方面的预测和推演工作。

尽管不在同一个行业，她和丈夫仍用沟通分享的方式建立起信任感和亲密感

对于感情，我的想法比较理想化，我认为感情是水到渠成的，一个人会在不同阶段认识的不同的人，最开始谁都无法确定哪一个会是最合适的人。所以我既不会刻意强求，如果遇到了也不想错过。我和老公是大学同学，我们从大二开始就在一起了，我俩是在我去美国前结婚的。虽然他后来没有选择做科研，但我们两个人志同道合，一直处于互相鼓励、共同进

步的状态。

他对环境方向不怎么感兴趣，所以本科毕业之后就转到其他专业读研究生，现在他从事与金融相关的工作。虽然我们处在不同的工作领域，但毕竟大家一起读过环境专业，这段相同的经历能够加深我们对彼此的了解。现在我们在交流时，还可以通过对方的讲述看到不同的世界，这对生活也是一种调剂。伴侣之间很重要的是用沟通交流来建立对彼此的信任，尤其是我出国的时候，那三年里更需要双方保持交流，了解对方在做什么，不然信任感和亲密感都会慢慢磨灭。我把工作和生活分享给他，既是一个增强信任感、让对方安心的方式，也能让对方知道我很在意他。回国之后我们的距离再次拉近，但是由于我的事业还在起步阶段，我要把更多精力投入在工作上，不过我没有因此而忽视伴侣的情绪，我经常会抽出时间和他一起去运动或者逛街。

她坚定地选择留在北京，丈夫则为家庭做出了一定妥协，放弃了去香港发展的机会

在事业的规划上，我一直很坚定地要在清华读博，等到博士毕业出国深造一段时间后再回到北京。但是我确实感受到我老公有别的想法，他考虑过在研究生毕业后去国内其他的城市发展，比如上海或深圳，他觉得这两个城市在金融行业有更大的机会，他的领导之前还想过让他去香港发展。

但是从家庭的角度考虑，两个人长期异地不可避免地会出现一些问题，我们也希望能够在同一个城市奋斗，我觉得他在这方面比较迁就我，有一定的妥协，放弃了一些机会。当然，他也不清楚换个城市能发展得怎么样，这完全是未知数，只是我觉得如果没有家庭的影响因素，他有可能

生活中的同丹

会想到新的城市尝试一下。我认为我们从大学开始就一直在北京生活，北京对他而言是一个还不错的选择，对我来说北京是最好的选择。为了两个人都能有比较好的职业发展，我们最终留在了北京。

看到周围人承受的催婚压力，她相信沟通能让父母更了解子女的规划，并给予支持

我俩从大学开始就互相扶持、互相鼓励，到现在为止我没有在婚恋上承受过什么压力。不过我看到身边的一部分学生、我之前的师兄师姐，往往会承受来自长辈或其他外部环境的压力，从而对婚恋产生焦虑。像我们这种从不同的城市聚到了北京的人，很多人面临的压力与处境，是长辈很难想象到、很难理解的。他们会很疑惑，一个人到底有多忙，才能忙到顾不上个人生活，他们体会不到城市婚恋的难处。可能在父母的眼里一个人到了30岁不结婚，简直是"大逆不道"。但我确实看到很多人为了追求事业，牺牲了个人的时间，所以没有精力去社交，而且像我们读了博士然后去做博士后，再回来找到一份稳定的工作，就要到30岁了，但此时我们的事业才刚刚起步。对于婚恋这件事，我们既要理解父母的焦虑，更要和父母沟通，让他们知道自己的规划，知道自己现在处在什么阶段，我想，他们还是会支持我们的想法和计划。

颜宁不止鼓舞了她身边的人，也鼓舞了奋斗在科研领域的大量女性，同丹就是其中之一

女性研究者里面我印象最深的还是颜宁。我觉得在科学研究上成功的女性有很多，但是颜老师不仅成功，还有很有趣的灵魂，她活跃在社交媒

体上，把科学家有趣的一面也展现给了大家，这对很多人都是一种鼓舞。

我看过她和她的闺蜜李一诺的采访，她的闺蜜现在是盖茨基金会中国办事处的负责人，两个人各自走出了一条独特的道路，一个享受科学研究的乐趣，另一个在商业界创造出价值，她们都在自己的领域发光发热，彼此又能在精神上产生共鸣，相互支持。她们从大学到现在，延续了这么多年的友情很让人动容。

我经常听到颜老师在社交媒体上讲话，我觉得她可以代表新时代女性果敢的那一面。虽然她肯定会遭受到舆论的攻击，但是她从来不把舆论放在心上，这种独立的态度是我们很多人都没有的。我很羡慕她拥有这样一个有趣的灵魂，也在不断学习她对待科研的态度。

生活中的同丹

> **她站在政策制定者的角度，对未来科研环境给出了自己的期待**

我身边很多女性科研者都面对生活、事业平衡的两难抉择，大家处于事业刚起步的重要阶段，也是最适合组建家庭养育下一代的阶段。婚育对于男生的影响可能会小很多，但是女性不得不提前规划好所有安排，以便尽可能降低生育对事业的影响。处在刚归国还没有稳固成果的阶段，我还是会选择先发展事业，建立起科研的基础，等到从起步阶段慢慢地过渡到平稳期时，我才会考虑生育问题。

现在确实有很多措施支持女性从事科研，比如基金项目申请可以延长考核年限并且鼓励增加女性比例。从我的角度来讲，我还是希望积极工作，与男性一样按期完成考核，延长期限肯定是对女性的一种保护，但是可能还需要一定的辅助措施。像欧洲一些国家，男性与女性一样必须休满 6 个月产假，而国内男性的陪产假只有 15 天。另外国内目前对女性的保护政策都是以鼓励为主，可能在落实方面会遇到比较大的困难，大家还可能会因为一些保护政策对女性产生新的意见，我认为在未来科研大发展的环境下肯定会有一些更合适的措施推行，能够真正对女性起到激励和帮助作用。

她想对你说：

在现在的大环境下，我觉得不必过于焦虑，我们需要往积极的方面去看待生活和工作。即使女性的职业生涯会因为家庭生活受到一些

> **她想对你说：**
>
> 影响，我还是相信女性可以拥有改变世界的力量，我现在也确实看到了很多女性正在用自己的力量改变世界，所以大家应该坚守自己最初的理想和道路。
>
> 在追求理想的过程中，你经历的一切，无论是在家庭中的经历，还是在学校、社会上的经历，将来都会成为对你有所帮助的阅历，珍惜这些阅历。从科研的角度来讲，还是要坚定地做你想做的方向，所有女生都要坚信自己在事业上可以和男生做得一样好。

第十章

白蕊：一路攻克世界级难题

白蕊

2020年2月，一位90后女科学家走进了大众视野。欧莱雅基金会和联合国教科文组织宣布，西湖大学博士后白蕊获得第22届"世界最具潜力女科学家奖"。由于疫情影响，白蕊没有前往巴黎与世界顶尖的女科学家们共同参与3月12日的颁奖典礼，而是同往常一样泡在实验室里。

1992年出生于内蒙古的白蕊，童年时期就有一个当科学家的梦想。当时，百科全书是很多小朋友的必备读物，白蕊也从百科全书中了解了引发她思考的自然知识。在初高中时期，她接触到了生物知识，里面有关遗传学的内容深深吸引了她，让她下定决心研究生命科学。尽管填报志愿时，生物老师为她阐明了做生物研究会遇到的种种艰辛，但也没有劝退这位执着的学生。

然而，进入武汉大学生命科学学院生物学基地班后，课堂上那些需要死记硬背的知识让白蕊顿感失望。枯燥的知识和一遍遍机械重复的实验，让她陷入了迷茫。在她向周围的老师寻求帮助时，施一公老师到武汉大学开了一次讲座。白蕊坐在最前排的地上，被施老师的研究热情深深感染，她再次认识到自然界的宏大，探索生命世界的激情又一次被点燃了。

这一次，白蕊认定了要进入清华大学施一公老师的实验室。2014年7月，她收到了一个坏消息：她没有通过清华大学暑期夏令营的研究生选拔。但这没有击垮她的斗志，随后的几个月，她埋头学习，以专业第一的成绩拿到推免名额，成功进入清华大学。

施一公老师实验室的节奏非常快，白蕊和师姐万蕊雪每天从早到晚泡在实验室里。白蕊的勤奋让她在短时间内成了实验室的骨干成员，同时，她接触到了"世界级难题"——剪接体的三维结构与RNA剪接的分子机理。

剪接体研究是生物学上极其重要，也最有挑战性的课题之一。生物传递遗传信息时，RNA剪接是其中一个关键环节，剪接过程涉及的反应都需要剪接体的参与。一旦剪接体在剪接中出现差错，会造成严重后果，人类的许多遗传紊乱和癌症都和剪接体出错相关。然而，剪接体的结构十分复杂多变，研究难度非常高，因此许多科学家都对此望而却步。

白蕊接到课题时，也有几分紧张，但施一公老师的一番教导，让她坚定了"要做就做世界级难题"的信念，激发了她的斗志。终于，在攻克多个难关后下，她终于提取出剪接体。

然而，科学研究的过程不可能是一帆风顺的。做剪接体课题的不止是清华大学一个实验室。在白蕊终于得到结果，希望研究得更充分时，英国的竞争对手抢先发表了研究成果。难过、失落的情绪笼罩着实验室，白蕊彻夜难眠。但是很快，她就从挫折中走出来了，关注到这个课题的另一个方向。第二年，白蕊以第一作者的身份在《科学》（Science）上发表了当时世界上最复杂的一个剪接体状态，轰动了该领域。

2019年获得清华大学博士学位的白蕊，没有选择出国，而是来到西湖大学继续研究剪接体，她认为在剪接体研究上，国内拥有世界顶尖的研究环境，她也有更多可以探索的方向。

不少人预言白蕊会成为像颜宁一样优秀的女性，对此，白蕊坦言说颜老师是她的人生偶像，是她努力的方向，她会一路享受科研的乐趣，把握自己的人生。

在获得"世界最具潜力女科学家奖"之后,白蕊收到了小学同桌的一条微信,上面写着"我们的梦想要靠你来实现了"。她不禁回想起来,年少时周围的很多小朋友都梦想着长大后去当科学家。不过,直到真正踏上科研的道路,她才体会到这条崎岖又有些孤独的小路上,有多少荆棘,又有多少惊喜。

为了摘得"结构生物学皇冠上的明珠",她全身心投入科研,付出了常人难以想象的努力。在她心里,如果能攻克一个个世界级难题,不仅能为疾病研究做出贡献,促进科学发展,还能让中国凭借顶尖研究成果,在国际舞台上获得更多话语权。这位90后科学家,承载着一代新青年的希望,用青春书写一篇时代华章。

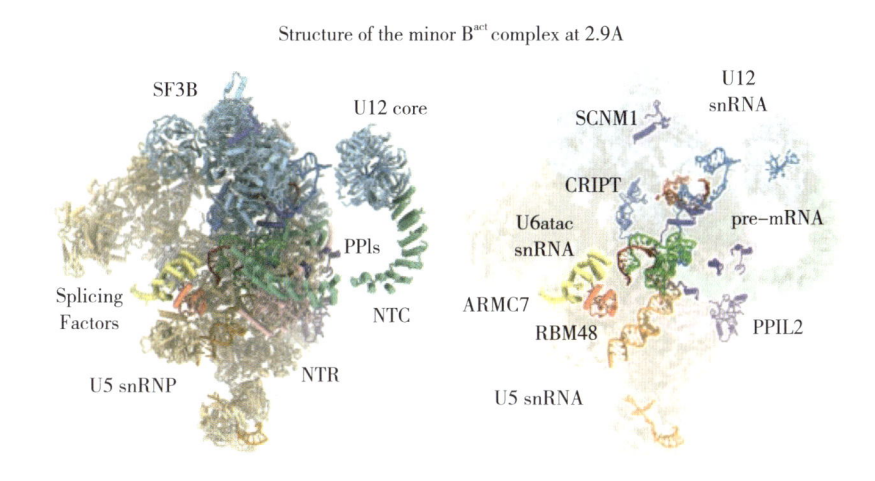

Structure of the minor B^{act} complex at 2.9A

剪接体示意图

在中学时期对生物产生兴趣的她,经历了老师的劝退后,仍然坚持要走上这条有些艰辛的道路

很多人在小时候都会很好奇一些自然现象,或者对小动物产生兴趣,小时候我也经常问爸爸妈妈和老师一些问题,比如鸟为什么能飞。稍微长

大一些，我开始看百科全书。到了初中，我第一次接触到生物学，我觉得这个学科太有意思了，它给我解释了很多小时候的疑惑。在高中时我很喜欢遗传学方面的知识，比如显性遗传、隐性遗传这些需要推理的问题。

在我高二和高三时，各有一位生物老师对我的帮助都非常大。高中时期我的第一位生物老师叫王秋仙，她来教我们时自己刚毕业不久，像同学们的大姐姐一样亲切。因为我高中时是生物课代表，所以和她接触会比较多，我们的关系非常好，聊天也会聊到个人的未来发展规划。我们现在还会经常联系，我回家的时候也会去找她玩。

高三时的生物老师也对我很好，她叫张华。当时高三压力很大，我个人的心理承受能力不是那么强，遇到问题基本都是她在开导我，帮助我充实信心。由于生物学作为一门基础学科，往下走的路会比较辛苦枯燥，王秋仙老师是生物学专业的硕士，了解生物研究这条路很难走，怕我是一时冲动想要学习生物，劝我要好好考虑。我记得那天早上 8 点半要填报志愿，8 点钟王老师打电话劝我多想想，说生物学研究漫长且枯燥，和我现在想象中的生物学不一样。我们一起分析了各个专业，最后我还是只对生物有很强的兴趣。我觉得兴趣是最好的老师，如果去学一个不喜欢的专业，我会更痛苦。看到我的信念这么坚定，老师非常支持我，给了我很多生物专业报考方面的建议，她建议我选择武汉大学生命科学学院。我觉得最重要的是，我的父母一直很支持我的选择，他们非常鼓励我选择自己喜欢的专业，而不是考虑未来什么专业好就业，所以我毅然决然地填报了武汉大学生命科学学院的生物学基地班专业。

如愿就读于武汉大学生命科学学院的她，很快就遇到了挫折

本科期间我需要背特别多的东西，有些东西我学完后其实并没有完

理解，但是为了考试我不得不死记硬背，这时我就会比较有挫败感。尤其是植物生物学，考试需要记那些植物的界门纲目，特殊的种类还要看图把它们写出来，我对这方面并不擅长，比如蔷薇科的植物，我完全分不清。

更大的迷茫出现在我大三时，那时我们会进实验室开展小的科研项目，了解前沿科学，但真正进入实验室的时候，我发现自己每天都在做一些重复性的工作，不能理解自己做的内容能创造什么价值。当时我进入一个分子生物学实验室，每天重复做 PCR 技术，把原材料加进仪器里，再做出东西跑胶，重复进行一些基础操作。我感觉做的内容和攻克癌症这类大课题差距很大，心里也就产生了一种落差感。大三的时候周围同学也都有这种感觉，会怀疑如果只是天天做这些枯燥重复的事情，为什么还要继续走这条道路。

大学时期的白蕊

和各个老师交流后，她决定静下心做科研

我处于迷茫时喜欢找人聊天，我和老师们还比较熟，所以我就去找各个老师寻求帮助，问他们是怎么坚持下来的、怎么选择的。我还去找了辅导员，他本科学的是生物，但硕士学的是哲学，所以我就去请教他为什么要改变专业，我认为不同人的经历能对我自己做选择起到帮助。我是一个比较容易冲动的人，辅导员劝我要静下心来想清楚为什么要选择生物，如果有其他喜欢的专业还来得及换，但是如果没想好以后做什么就轻率地转出去，对自己也很不负责任。结合老师们对我的了解，他们觉得我还是比较适合继续走科研道路的，我从老师们那里得到了认可，也增强了走下去的信心。虽然当时还是很迷茫，但我从来没有后悔过学习生物。其实我在日常中的其他事情上很难下决心做选择，但是在学生物这件事情上，我从来没有纠结过。

聊完之后我发现自己迷茫的原因可能是我并没有真正走进科研。大学的诱惑还是非常多的，武汉大学的校园生活又非常丰富，学校里每天都有各种，我参与了很多，并没有静下心来去体会科研。直到我去做毕业设计时，感受到了实验室的紧张感、急迫感，当我参与前沿研究里，感受到做出成果的开心时，才是接触了真正的科研。

到了现在，我还在每天进行那些大三时我就觉得很枯燥的实验操作，因为它们是整个实验的根基。现在我有了明确的目标，知道为什么要做这些步骤，我的实验背后有课题体系支撑，所以就不会再觉得这些是无聊重复的，反而会觉得基础操作非常必要，一定要抓紧时间进行。这就像小时候学写字你就觉得很枯燥，要一笔一画地重复，但是当你发现以后要天天用到它，就会感受到基础练习的价值。

做晶体学实验的白蕊

她被施一公老师的科研热情深深吸引，以破釜沉舟的心态通过了清华的面试

大三保研时，有一个师兄建议我去施一公老师的实验室，经过了解，我对施老师做的和重大疾病相关的蛋白质结构与机理研究比较感兴趣，刚好武大校庆时邀请了施老师来举办讲座。那场讲座，我是坐在最前排地上听完的。

施老师对科学的热爱、激情，以及他讲的科研之美是我之前从来没有感受过的。他是一个非常有感染力的人，他讲的东西能把人深深吸引住，他身上对科学的热爱可以感染到我。当时我就明白我要做这样的研究者，进这样的实验室，所以我下定决心去他的实验室。

我决定要去清华后，没有接受其他学校的录取。但是后来我并没有通过清华夏令营的面试，清华的面试让人感到非常压抑和紧张，面试官一定要问到面试者答不上来为止，我当时准备得不是很充分，也被自己的心态影响到了。夏令营没过相当于没有任何退路，如果后面推免的面试不成功，我就没办法保研，只能去考研。我当时还是有点儿崩溃的，我和辅导员聊这事的时候，他说我的性格还是一如既往，不怎么给自己留后路。

我给施老师发了邮件问他我能不能去他的实验室，他回复我"看推免的情况"。之后的几个月，我完全埋进书本和实验室里。推免面试时，我比第一次要冷静很多，表现得比较稳定。几个评委问我为什么暑假没有来清华面试，我说我没有过，然后他们还一起问我觉得这次自己能不能过。等到面试一通过，我再次给施老师发出邮件，终于在一个月之后我收到了回复，"来实验室做实验吧"。

导师和师姐的信任鼓舞着她克服畏难情绪，不断挑战世界级难题

我来到施老师的实验室有种追星成功的感觉。我还没入学时，就被选到做剪接体的课题，这是一个世界级难题，我心里非常紧张，感觉自己的经验还不够去研究这类问题。但是施老师和万蕊雪师姐都非常信任我，觉得我很合适做这个研究，这对我来说是非常大的鼓励。

我印象最深的是刚做这个课题时，我心里还非常忐忑，施老师在组会上鼓舞我们，其中有一句话深深触动了我。他说我们清华人要做就做世界级的难题，如果我们身处中国最高学府之一的清华，拥有这么好的环境和平台，还没有勇气去挑战世界级难题，那才是最令人痛心的。这段话很振奋人心，我也觉得我们在顶尖的环境里，站在清华这么高的平台上，就一定要去做最难的事情，做别人不敢想的事情，敢于做创新性的课题。在清华的氛围里，我产生了非常强烈的为国争光的愿望，希望在我国能做出让世界都瞩目的成就。凭着初生牛犊不怕虎的精神，我们真的做出来了成果。有了成果之后，我更有信心去敢挑战更难的课题。

白蕊和师姐万蕊雪的合照

在国际舞台上争分夺秒

2017年5月的一个晚上,白蕊在实验室提取剪接体,师姐万蕊雪突然找到她,"施老师发的邮件你看到了吗?我们被对手抢发了!"

原来,除了清华的团队在夜以继日地提取剪接体,国外还有三个课题组在做同样的研究,大家都想成为攻克这个生物学难题的第一人。面对如此大的国际竞争压力,白蕊一刻也不敢放松。在她心里,第一个攻克世界级难题不只意味着自己和团队的成功,更标志着中国在生物学基础研究领域走在世界前列,中国将在国际舞台上拥有更大的话语权。为国争光的想法激励着她付出更多心血,功夫不负有心人,她和团队终于在2016年8月首次提取到了组装过程中的剪接体。

白蕊当时认为结果还不够好,实验需要再优化。却没想到英国剑桥分子生物学实验室的团队率先发表了文章。对比后,她发现双方的结果一模一样,对方做出的结构分辨率还比不上她们做的。然而,对手率先发表成果意味着她的努力都付之东流,实验成果的价值也会大打折扣。

这件事犹如晴天霹雳,悲伤、难过、失落、生气……白蕊仍能回想起那一晚彻夜难眠时的场景。不过,作为课题的主导者,她只能往前看,继续攻关克难。第二天,调整好情绪的万蕊雪来安慰她,用了两天时间,她也走出了失落。

7月份去开国际会议时,白蕊刚好碰到英国剑桥做剪接体的团队,对面团队里的"外国小帅哥"想必知道白蕊也在做同样的研究，看她的眼神带着些得意。

不过，白蕊很快打了对手一个措手不及。利用此次课题实验的积累和经验，她在另一个更重要的课题上实现了突破，捕捉到当时世界上最大、最完整也是最复杂的一个剪接体状态，并在《科学》上发表了成果，她发现的结构被评价为史上最重要、最振奋人心的剪接体结构之一。

在第二年的国际会议上，白蕊又碰见了竞争对手。这一次对面的小帅哥显得非常低调。白蕊后来了解到，他的文章还没有发表，而里面就包含白蕊此次发表的一部分成果。

会议上，白蕊的研究吸引了很多同行，连剑桥团队的人都震惊地问她是怎么做到的。当她站在海报前一遍遍地给各国研究者讲解时，一种民族自豪感和成就感油然而生。此刻，她认识到科研道路上没有永远的赢家和输家，只要一直往前走，就肯定不会输。

后来剑桥的教授在开会时问她："觉得这种竞争模式怎么样？"在白蕊回答"还好"之后，对方开玩笑说"因为你们赢了"。可见在国际竞争中，大家内心仍然很在意输赢。白蕊也承认，虽然不管谁输谁赢，都会促进这个领域的蓬勃发展，但她更希望中国可以产出更多顶尖研究，获得更多话语权。

回顾这次"反败为胜"的经历，白蕊越发领会到科研需要一颗平常心，不要让失败的情绪过多影响自己。这次经历也成了她宝贵的经验，让她此后能够更从容地面对困难。

白蕊参加国际学术会议

> **她享受着科研的苦与乐，也逐渐深刻认识到大自然的神奇、生命的精巧与人类的渺小**

实验室的节奏很快，我们大部分时间是根据课题需要来安排的，我和师姐都是非常勤奋不愿意拖沓的人，我们可能从早上就去实验室，然后一直做实验做到凌晨。我感觉这是一种职业素养吧，如果想做好就一定要提高实验效率和成功率，否则很难做得又快又好。我是一个科研和生活不太能分得开的人，很多事情我会优先给科研让路，但我很享受这种状态，我觉得乐在其中。当我拿到好的结果时，那种成就感是什么都比不了的。

我们做的课题前沿性很强，其实生物研究很多时候是要打破我们对书本知识固有的印象，书本里没写过的更需要去探索与发现。这种感觉很神奇，每次做个东西都能让大家更加深入理解生命的本质，而且在这个过程中我越来越有敬畏大自然的心态。很多研究成果都表明生命是非常精密、精巧的设计，是超乎人类想象的存在，这是非常吸引人的。我发现大自然远比我们想象得更厉害、更神秘，人类在整个自然面前显得很渺小，而这些不断吸引着我做更多探索。

> **走过实验中的至暗时刻，她更加相信了坚持的意义**

我同样有过每天做实验都失败的经历，其实生命科学领域中 99% 的实验都会以失败告终，但至少还有 1% 的希望引导我往前走。我找到了一个调节心态的方法，就是告诉自己面前有无数条道路，虽然我不一定有运气一次就选到正确的道路，但每当我尝试一次，就相当于排除了一条错误的路线后，我会离成功越来越近，最终我总会找到正确的道路，所以实验失败也不太会影响我的心态，我就是觉得只要继续做就一定能成功。

RESEARCH ARTICLE

MOLECULAR BIOLOGY

Structures of the fully assembled *Saccharomyces cerevisiae* spliceosome before activation

Rui Bai[1]*, Ruixue Wan[1]*, Chuangye Yan[1]*, Jianlin Lei[1,2], Yigong Shi[1,3]†

The precatalytic spliceosome (B complex) is preceded by the pre-B complex. Here we report the cryo–electron microscopy structures of the *Saccharomyces cerevisiae* pre-B and B complexes at average resolutions of 3.3 to 4.6 and 3.9 angstroms, respectively. In the pre-B complex, the duplex between the 5' splice site (5'SS) and U1 small nuclear RNA (snRNA) is recognized by Yhc1, Luc7, and the Sm ring. In the B complex, U1 small nuclear ribonucleoprotein is dissociated, the 5'-exon–5'SS sequences are translocated near U6 snRNA, and three B-specific proteins may orient the precursor messenger RNA. In both complexes, U6 snRNA is anchored to loop I of U5 snRNA, and the duplex between the branch point sequence and U2 snRNA is recognized by the SF3b complex. Structural analysis reveals the mechanism of assembly and activation for the yeast spliceosome.

Assembly and activation of the spliceosome take place in an ordered process (*1–3*). First, the 5' splice site (5'SS) and the branch point sequence (BPS) are recognized by the U1 and U2 small nuclear ribonucleoproteins (snRNPs), respectively, through duplex formation with U1 and U2 snRNAs in the pre-spliceosome (known as the A complex). Then, the A complex associates with the U4/U6.U5 tri-snRNP to form the pre-B complex, the first fully assembled spliceosome that contains all five snRNPs (*4*). The adenosine triphosphatase (ATPase)/helicase Prp28 drives the dissociation of U1 snRNP, freeing the 5'SS and 5' exon for recognition by the U6 and U5 small nuclear RNAs (snRNAs), respectively (*5–7*). The resulting B complex is converted by the ATPase/helicase Brr2 into the activated spliceosome (B[act] complex). The B[act] complex is remodeled to become the catalytically activated spliceosome (B* complex), where the branching reaction occurs. The resulting catalytic step I spliceosome (C complex) is converted into the step II catalytically activated spliceosome (C* complex), and exon ligation follows. The ligated exon from the postcatalytic spliceosome (P complex) is released, and the resulting intron lariat spliceosome (ILS) is disassembled, completing one cycle of precursor messenger RNA (pre-mRNA) splicing.

Structure elucidation of the yeast spliceosome has led to major advances in the mechanistic understanding of pre-mRNA splicing (*8–10*). Since determination of the 3.6-Å structure of the *Schizosaccharomyces pombe* ILS complex in 2015 (*11, 12*), cryo–electron microscopy (cryo-EM) structures at atomic or near-atomic resolutions have been reported for the *Saccharomyces cerevisiae* B, B[act], C, C*, P, and ILS complexes. Here we report the cryo-EM structure of the *S. cerevisiae* pre-B complex at resolutions of 3.3, 3.6 to 4.6, and 3.4 Å for U1 snRNP, U2 snRNP, and the tri-snRNP, respectively. We also report the structure of the *S. cerevisiae* B complex at 3.9-Å resolution.

Electron microscopy of the endogenous pre-B complex

The endogenous pre-B and B complexes were individually derived from two different strains of *S. cerevisiae*. In both cases, the spliceosome was purified through two steps of affinity chromatography (fig. S1, A and B), and its identity was confirmed by snRNA analysis (fig. S1, C and D). Chemical cross-linking was used to stabilize the otherwise highly dynamic pre-B and B complexes. To overcome the transient nature of the pre-B complex, we engineered a mutant Prp28 that blocks the dissociation of U1 snRNP (*13*). Cryo-EM samples were imaged by a K2 Summit detector (Gatan) mounted on a Titan Krios electron microscope (FEI) (fig. S1, E and F).

Low-resolution references of the pre-B and B complexes were derived from a preliminary analysis of the EM data (fig. S2). For the *S. cerevisiae* pre-B complex, 1.85 million particles were autopicked and classified using a guided multireference procedure, as reported previously (*14*) (fig. S3). Owing to the motions of U1 and U2 snRNPs relative to the tri-snRNP, subsequent three-dimensional classifications were applied with local masks. Structures of U1 snRNP, U2 snRNP, and tri-snRNP were determined at average resolutions of 3.3, 3.6 to 4.6, and 3.4 Å, respectively (fig. S3 and table S1). A similar procedure yielded a reconstruction of the B complex at an average resolution of 3.9 Å (figs. S4 and S5A and table S1). The local resolution reaches 3.0 Å in the core regions of the yeast pre-B and B complexes (fig. S5B), with valid EM analysis (fig. S5, C to F). The EM maps exhibit distinguishing features of nucleotides and amino acid side chains (fig. S6). Atomic modeling of the pre-B and B complexes was aided by the structures of the yeast U1 snRNP (*15*), the U4/U6.U5 tri-snRNP (*16, 17*), and the B (*18*) and B[act] (*19*) complexes (tables S2 and S3).

Structure of the pre-B complex

The structure of the *S. cerevisiae* pre-B complex contains 68 discrete proteins, five snRNA molecules, and the pre-mRNA (Fig. 1A). The structurally identified proteins include 16 in U1 snRNP (Luc7, Mud1/U1-A, Nam8, Prp39, Prp42, Snp1/U1-70K, Snu56, Snu71, Yhc1/U1-C, and the U1 Sm ring), 18 in U2 snRNP, 31 in the U4/U6.U5 tri-snRNP, and 3 in the RES complex (Bud13, Pml1, and Snu17). The protein components of U2 snRNP are distributed in the SF3a complex (Prp9, Prp11, and Prp21), the SF3b complex (Cus1, Hsh49, Hsh155, Rse1, Rds3, and Ysf3), and the U2 core (Lea1, Msl1, and the U2 Sm ring). Proteins of the tri-snRNP include 11 in U4 snRNP (Prp3, Prp4, Prp31, Snu13, and the U4 Sm ring), 11 in U5 snRNP (Brr2, Dib1, Prp8, Snu114, and the U5 Sm ring), the U6 LSm ring, and 2 tri-snRNP–specific proteins (Prp6 and Snu66).

U1 snRNP is relatively compact and well defined by the 3.3-Å EM map (fig. S6). U2 snRNP has an elongated shape and exhibits considerable internal flexibility; SF3a bridges SF3b and the U2 core (fig. S7). The pre-mRNA retention and splicing (RES) complex binds Hsh155 and the 3'-end sequences of the intron (fig. S7, A and C). The tri-snRNP is well characterized by the EM map (fig. S8). The structures and locations of most protein and RNA components in the tri-snRNP are nearly identical to those in the isolated yeast tri-snRNP (*16, 17*). The U1 and U2 snRNPs loosely interact with each other (Fig. 1, A and B), and they only make limited contacts with the tri-snRNP. Consequently, the entire pre-B complex exhibits considerable flexibility, with five rigid parts (U1 snRNP, SF3a, SF3b, U2 core, and tri-snRNP) loosely bound together to generate a highly asymmetric assembly (Fig. 1A).

The structure of the *S. cerevisiae* B complex contains 55 proteins, 4 snRNA molecules, and the pre-mRNA (Fig. 1B). Compared with the pre-B complex, Prp38, Snu23, and Spp381 are recruited further into the B complex (Fig. 1B). These proteins form a subcomplex and appear to orient the pre-mRNA and facilitate the recognition of pre-mRNA by U6 snRNA. Except for Brr2, the U4 Sm ring, and the RNaseH-like and Jab1/MPN domains of Prp8, all other proteins in the tri-snRNP of the B complex remain structurally identical to those in the pre-B complex. U2 snRNP appears to

不过 2020 年的那次失败差点把我打垮，将近一整年的时间什么进展都没有。我尝试了所有能想到的方法和别人建议的方法，最后我周围的人已经给不出什么建议了，我只能靠自己的毅力和意念继续坚持。那是我经历过的最崩溃的时候，正好又赶上疫情暴发，做什么都不是很方便。

那时我的心理压力很大，会整夜失眠，整个人的精神状态都非常不好，我和师姐就商量要不休息一下。我做科研时专注度很高，吃饭睡觉走路的时候都在想着课题，可能某个时间我灵机一动，突然蹦出一个新的想法，就真的会帮助我解决当下的困难。但当时我天天沉浸在一个实验里找不到出路，太过于专注了以至于思维没有打开。我休息了几天去追剧追综艺换换脑子，再想课题的时候发现之前用的都是很复杂的方法，有一个很基础很简单的方法还没有试一试。施老师说反正死马当活马医，第二天我们去尝试了这个方法，结果一下就做出来了。刚拿到结果时，我们特别开心，施老师也很意外。

白蕊手里拿着酵母菌培养皿，在做分子生物学实验

后面守得云开见月明，实验投稿很顺利。这个实验用了一年的时间，对我来说已经很久了，直到最后做出来那一刻，我才放松下来。经过这件事，我更加笃定，做研究千万不要放弃，一定要坚持。如果放弃了，已经做出的努力也都浪费掉了。

如今，她要求自己攻克最有意义的难题，希望用剪接体的研究为疾病治疗提供新的思路

我博士毕业后来到西湖大学，并没有选择出国，因为国内的研究已经非常顶尖了，我还有相关的课题没有做完，同时我希望更多世界级的成就是出自中国本土。西湖大学属于小而精的研究院校，我有更多的机会和其他方向的老师交流。在这里施老师给了我们很大空间，我可以选择和人类健康相关的课题、基础研究领域遗留的难题，或者别人没研究过的一些东西。我现在对自己要求还挺高的，觉得要做就做有重大意义的世界级难题，如果我现在都不敢去攻克它们，年纪大了可能就更不敢了。

生物学最近几十年一直都在蓬勃发展，虽然它是基础学科，但是仍然有很多大家没有研究到的领域，还有很多内容可以突破，包括技术方面也需要更多的突破。我会时刻保持跟踪前沿研究，支持我做的基础研究。

我们现在有关剪接体的成果已经做得很全面深入了，这是我们的优势，这个时候我们需要拿它去做更多与人类健康相关的研究。现在研究表明大概 30% 的遗传紊乱都和剪接体异常直接相关，我们用了 7 年的时间把剪接体搞清楚，后面还会用很长时间研究它和疾病的关系，分析它的致病原因，探究新的药物或治疗方法。

剪接体的研究

每一种生物的生命活动都由基因控制，在真核生物中，基因中的遗传信息从 DNA 转化为具有不同结构和功能的蛋白质。储存在 DNA 的遗传信息首先转录成信使 RNA 前体，由于真核生物基因的不连续性，此时的信使 RNA 前体像一盘原始磁带，里面既有录上声音的"外显子"，也有没录上声音的"内含子"。在剪接过程中，剪接体需要把内含子剪掉，再把外显子连接起来，让信使 RNA 把遗传信息正确完整地表达出来。最后，信使 RNA 会被翻译成蛋白质。

每一次剪接操作都关系着细胞的命运，一次小差错就能够让细胞的功能产生天壤之别。研究发现，大约有 35% 的人类遗传疾病是由剪接异常造成的。科学家自从 1993 年发现了 RNA 剪接，就一直在探索其中复杂的分子机理，但是，剪接体是巨大又复杂的分子复合物，每时每刻都在变化，电子显微镜也很难捕捉到它的形态。

目前，研究人员已经解析出多个不同状态剪接体高分辨的三维结构，正在致力于研究剪接体或 RNA 剪接异常与癌症和罕见病的关系，为临床上的癌症和相关罕见病疗法提供理论支持。

随着人类对剪接体的了解越来越深入，理论研究最终会指导临床治疗，让人类能够从基因层面对抗疾病，解决更多医学难题。

> **虽然现在的她恨不得一天 24 小时泡在实验室，本科时，她却是以玩为主的**

我空闲都在睡觉、吃美食、追剧、追综艺，以前也会去打篮球，主要

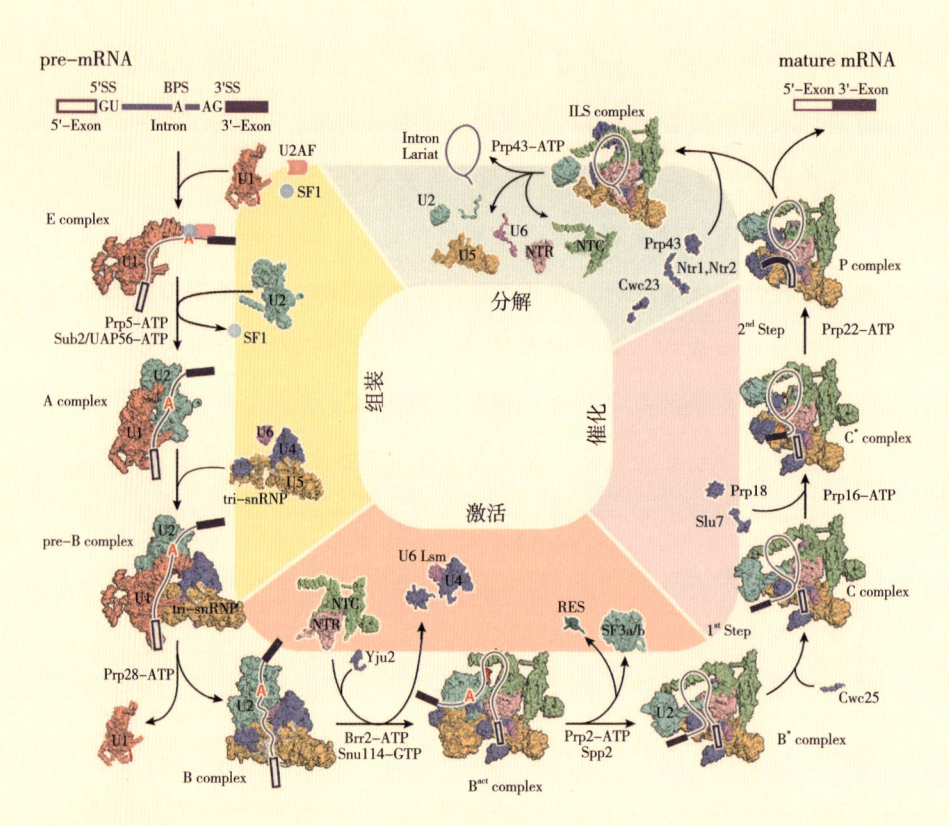

剪接循环结构

是为了放松。原来我比较喜欢画画，小时候学画画时，我可以一下午甚至一整天坐在那里画一个东西，我比较享受沉浸地做一件事情的感觉。后来我没有太多时间，这项技能就渐渐荒废了。

虽然现在我生活重心都放在科研上，但本科期间我是以玩为主的，我做了很多事情。我在高中时期是一个不爱说话比较社恐的人，上了大学后我有意识地想开发锻炼自己的社交能力，所以我选择加入了学生会，也参加过社团，当过篮球队队长。我刚加入学生会时，在宣传部负责画展板，我们展览活动的展板都要手绘，由于人手不够，经常要加班加点。我不敢说我是其中画得最好的，但我一定是对待工作最认真的，所以宣传部部长很欣赏我，后面我成功竞选主席、我的认真负责地工作是主要原因。学生会的很多事情要求我主动和别人交流，在这个过程中，我的同学们都感觉我变化非常大，从不善言辞变得敢讲敢说了。我特别开心，因为我做出了改变，挑战了我之前并不擅长做的事情。

武汉大学差不多每天都有活动，我现在都记得当时在操场听摇滚音乐演唱会，和同学挤在一起看露天电影，看校园十佳歌手比赛，还有武大最著名的金秋艺术节，我都没有缺席过。在学生会工作时，我带领同学们举办了生命科学学院的首届文化节，首届文化节效果非常好，后来一直延续了下来，成了我们学院的传统活动。到了小长假时，即使学习和学生会工作再忙，我都会去别的地方找朋友们玩，当时我去了很多好玩的地方，有时候我的同学也会来武汉找我。选课时，我会把周五下午的时间空出来，该玩的那四年我玩得很尽兴，度过了很珍贵的本科生活。之后读博时，我则想着全力以赴去做研究，完全没有玩的心思了。而且过了本科那个时间段，同学和朋友们也没有时间再陪着我四处跑。

文化节的总指挥

2021年4月,在武汉大学生命科学学院的文化节上,一场微生物平板涂鸦大赛如约拉开帷幕。与普通的涂鸦比赛不同,参赛选手拿到的"颜料"是能发出绿色荧光的大肠杆菌,"画纸"则是固体培养基。我们学院的同学看着这两个实验中的"老朋友",自然胜券在握,其他学院的同学面对这两样不同寻常的创作材料,也不甘示弱,他们学习了无菌操作后,用菌液在培养基上绘制出图案。随后,经过两天的培养,微生物便会在培养基上绘成一幅画作。

这场别开生面的比赛是每年生科文化节的标志性活动,至于它的起源,还要追溯到数年前,白蕊组织筹办首届生科文化节的时候。

2014年,读大三的白蕊刚刚担任学生会主席,前两年玩遍了学校各种活动的她,参加过好几个学院的文化节,看着人家的活动办得轰轰烈烈,她下定决心要办一场属于本学院的文化节,让全校了解到生命科学的特色。然而,现实的困境立刻摆在她面前——生命科学学院作为规模较小的院系,每届学生不过150人,相比起那些规模庞大的院系,她能动员的力量实在太小了。

白蕊一往无前的执着性格让她没有轻言放弃,与上一届学生会主席沟通了想法后,她带领学生会的各个部门,开始了艰难的筹备工作。从初期与学校领导沟通、与院系内辅导员配合、在学生会内部进行动员分工,到中期活动策划、对外联络赞助支持,再到后期海报设计、活动宣传推广,他们前前后后花了整整两个月时间。

其中,最考验白蕊的当数活动设计部分。武汉大学每届学生有上万人,分属人文科学、社会科学、理学、工学等多个学部,如何吸引到其他专业的学生,又能展现出生命科学的独特魅力,给大家留下印象,这是活动的一大难点。

大家首先想到的是做樱花标本。每年春天,武大漫山遍野的樱花都会吸引不少游客和学生驻足流连,如果能把日本樱花、晚樱、云南黄素馨、垂丝海棠等植物最美的姿态定格在标本中,一定能吸引很多人。制作操作简单的叶脉书签也得到了大家的青睐。

不过,一场活动远不能支撑起文化节,白蕊还需要想更多的点子。在一次分子生物实验中,正在培养细菌的白蕊突然想到,为什么不能拿生物实验中常用的大肠杆菌,在培养基上面作画呢?如果提前把绿色荧光蛋白导入细菌中,等菌落形成后,就会发出漂亮的荧光色,这一定能受到很多同学的欢迎。

果然,到了四月底,第一届生科文化节经历了开幕式暨樱花标本制作活动、放飞青春风筝节、两场教授讲座后,在校园里得到了足够多的关注,终于迎来微生物涂鸦大赛。当天,活动室里挤满了来自各个专业的同学。由于太受欢迎,这个游戏在后面几届文化节也一直延续下来。

随着五月初的一场"舞动珞珈"夏日舞会,首届生科文化节落下帷幕。作为整场活动的总指挥,白蕊不无自豪地说:"我们这么小的一个院系,能举办如此声势浩大的文化节,真是太了不起了!"

武汉大学生命科学学院第 22 届学生会，白蕊为学生会主席

她刚进实验室时，同门师姐万蕊雪就把做实验的"稳准狠"倾囊相授

施老师实验室的传统是老带新，师兄师姐会带着师弟师妹做重要的课题。我读博时，万蕊雪师姐带我做研究，师姐对我的帮助是全方位的，除了课题实验本身，在生活上也帮了我很多。最开始时她手把手教我做实验，把她所有的经验、方法技巧包括一些小窍门都毫无保留地告诉我，这让我避免了走很多弯路。她看到我情绪不对劲时，也会安慰我。除了施老师，她是对我帮助最大的人。我的实验习惯可能都是从师姐那里学习来的，每一个实验她都会计划得很周密，而且她做一件事一定要有十足的把握，要么设计好一下子做成，要么就不做。

跟着她做实验时，她给我一种"稳准狠"的感觉。她提出问题后，就通过阅读文献或者根据之前的经验，把方案设计好，连中间可能出现的问题都会考虑到，最后才开始实施。实验中间可能会遇到很多问题，有些问题在她计划之内，她已经提前想好了解决方案，有些意料之外的问题，她也会用她的经验和基础知识快速解决。跟着她做实验时，我每一次都要感慨实验进度太快了。这一点最开始让我很震惊，绝大部分人都不会像她那样计划得这么周密，或者不会像她这么高效、这么高质量地完成一个课题。

我的实验习惯几乎都是跟她学习的，现在我也是要设计好方案，把握好实验节奏后，就高效地完成。比如一个实验，如果我 10 个小时能做完，我绝对不会熬一天。这也要求我的基础知识一定要扎实，所以刚开始做实验时，我每天都要回去再巩固基础知识。只有我对这些东西都非常熟悉，出现问题后我才能立刻判断出来错误，迅速做出反应。生物作为实验学科，很多结果都是基于操作的细心程度、对基础知识的掌握、对问题的分析、对结果的分析等。同一个课题，不同的人做出来的效果都不一样，师

姐把设计思想到实验操作的每一步都仔细地传授给我，我有一些习惯她也会吸纳过去，最后导致我们两个人的操作习惯非常一致，师姐和我的相互配合，让我之后一直受益无穷。

不过我们两个人的思维方式差别非常大，这在一个团队里是好事，大家能够有思想上的碰撞，往往一些好的想法都是我们两个碰撞之后产生的。我个人的想法比较天马行空，当然我也有我的理论依据，有时我在吃饭的时候、走路的时候或者睡觉之前突然冒出一个想法，我就会发给她，说出我的观点后我们再接着讨论。我可能会把之前不同的方法结合起来，或者冒出来很新奇的想法，有的时候她听到都会吓一跳，不知道我是怎么想到的。在讨论中我们又会产生出更多的想法，施老师都说我们能达到"1+1>2"的效果。

颜宁让所有人看到了一位不被定义的科学家，她是白蕊努力的方向

颜宁老师是我努力的方向。颜老师还在清华的时候，施老师、颜老师还有其他两个实验室会一起开联合组会，我还上过颜老师的选修课。她对自己的工作极其认真、极其投入，她的投入让我感受到她乐在其中，而不是为了完成任务。她的科研热情让她非常享受，而且她非常聪明，在组会上面，她能够敏锐地捕捉到问题，问的问题都很尖锐，一针见血。她的思维方式和逻辑思考能力让我非常叹服。

在她开设的一堂与膜蛋白相关的选修课上，我的收获非常大。与其他课不同，她的课堂非常活跃，以交流形式为主。她会让学生去主导课堂，鼓励学生有什么想法都可以到黑板上进行展示，然后她在学生展示时提出问题，启发我们想得更深。在她的课堂上，我们需要每人选择感兴趣的话

白蕊在分析剪接体的原子模型结构

万蕊雪在做实验

题，先去学习调研相关论文，然后给大家做报告。在报告的前一天，她会给我们指点哪些地方存在不足。颜老师教课就像在实验室里带学生，用课堂展示锻炼我们的阅读能力、理解能力和演讲能力。

我相信颜老师是很多人的榜样，她让大家看到了一位不被定义的科学家。有时候大家还会在微博上看到颜老师的发言，她在各个方面都呈现出了她想要的姿态，而不是把自己放到别人预设的科学家模板里面，呈现出别人希望她成为的样子。

从女性科学家论坛中，她汲取到前行的力量

颜宁老师每年都在办女性科学家论坛，邀请不同领域、不同年龄段的女性科研工作者来参与，这就是女性帮助女性的一种体现。论坛上面大部分人问的问题还是家庭和事业如何平衡，这个问题其实非常令人疑惑，因为男性也一样要面对家庭和事业的平衡问题。我观察到实验室里面优秀的女生非常多，有可能女生更加细致，能够关注到更多细节，这在做实验时成了一个很大的优势。这个论坛的主旨还是希望能帮助更多的女性如何在自己热爱的事业上前行。

由于我个人坚定地选择了自己热爱的科研事业，所以我更想在类似的论坛上听到她们个人奋斗的历史，希望听到一些能让我产生共情的东西，比如她们坚持科研的原因、她们心里远大的理想等。即使我们不在同一个领域，她们的坚持也能让我非常感动，并且给予我继续坚持的力量，让我看到前行的意义。

在看到其他人的故事后，我还发现成功的人首先是选择了很适合自己深耕的领域，找到了自己的天赋，同时他们会付出很大的努力，一直坚持下去，直到把天赋发挥到极致。很多人觉得自己平庸，我认为他们只是还

没有找到自己的天赋，可能他们做出选择时受到了周围人的影响，没有做出发自内心的选择。

她想对你说：

不要太在意别人的目光，不要过于考虑别人对你的看法，别人怎么看待你的人生道路完全不重要，你要追寻内心，做自己的主人。因为未来的人生道路只有你自己在走，你走得舒服，才能享受到其中的快乐。

不要为任何事情妥协。当下很不情愿地做出的妥协的事情，事后想起来，你肯定会感到后悔。相比之下女生可能容易心软，耳根子也比较软，别人说你不适合什么，你就被劝退了。尤其是我们当年有很多人说女孩子不适合学理工类专业，应该去学轻松的专业。我觉得只有不适合某一个人的专业，没有不适合某一个性别的专业，不要被性别束缚了你的想法。

我之前听说过金字塔效应，大部分人都在金字塔塔底过着平凡的生活，那些少数站在金字塔塔尖的人，除了拥有努力、坚持等优秀品质，也一定热爱并且擅长这项事业。没有人能够被别人逼着登上金字塔塔尖，只有面对自己热爱的一项事业，你才能拥有冲上顶峰的干劲。

白蕊的博士毕业留影

第十一章

于皓存：仰望星空，追逐梦想

于皓存

于皓存与母亲

于皓存与父亲

在物理学领域，引力波无疑是近几年来最重大的发现。2017 年，诺贝尔物理学奖被授予美国科学家雷纳·韦斯（Rainer Weiss）、巴里·巴里什（Barry Clark Barish）和基普·S. 索恩（Kip Stephen Thorne），以表彰他们为"激光干涉引力波天文台"（Laser Interferometer Gravitational-Wave Observatory，LIGO）项目和发现引力波所做的贡献。

于皓存师从雷纳·韦斯的学生——麻省理工学院现任理学院院长奈吉斯·马瓦瓦拉（Nergis Mavalvala）教授。她在 LIGO 获得了飞跃式的成长，很快成了其中的佼佼者。作为引力波探测事业的新生力量，她的研究项目实现了压缩真空态在高新 LIGO 探测仪中的首次使用的目标，大大提升了探测仪的灵敏度，同时也将千米、千克级别的引力波探测仪带入了了量子的领域。2021 年，于皓存凭借在引力波探测和宏观量子力学上的种种成就，入选《麻省理工科技评论》"35 岁以下科技创新 35 人"中国名单。

生于 1993 年的哈尔滨姑娘于皓存，在少年时期便立志要做物理研究，用物理知识来探寻世界的秘密。于是，她一路追随着知名物理学家的脚步，先来到英国求学，又在机缘巧合下来到 LIGO。做实验期间，神秘的引力波深深吸引了她，无论是精妙的物理理论，还是艰苦的观测实验，都让她一次次感受到了物理世界的丰富多彩。在

LIGO，她经历了观测到引力波的时刻，经历了师爷拿到诺贝尔物理学奖的日子，也经历过失落与孤独，最终她获得了自己的成就。她的生命仿佛已经与物理、与引力波紧紧联系在一起。

在物理学领域，引力波的探测已经持续了几十年。引力波能够携带能量在宇宙空间内不断向外传播，而且它在传播中不会受到电磁波的干扰，也无法被常规仪器探测到，所以科幻作品中的角色为了躲避监测，会利用引力波来建立广播系统传递信息，在黑暗中构建起一套情报网络。

现实中，引力波虽然还不能应用到日常生活里，但是对人类仍然具有重要的意义。长期以来，科学家们观测天体和天文现象主要依赖电磁波，例如可见光、X射线、微波等。然而，一些天文现象几乎不会发出电磁波，只辐射引力波，比如黑洞合并。引力波的波形能够给人类带来更多星系演化的信息，这给天体物理研究打开了一扇崭新的窗户。而且，引力波的穿透力比电磁波强，能轻易穿透阻挡电磁波的天体外层物质，反映天体内部的构造和质量变化，这也有助于人类去了解恒星等天体的演化过程。引力波极强的穿透性还让它能穿过宇宙大爆炸早期的空间环境，记录宇宙大爆炸早期事件，将电磁波无法记录的信息带给人类。

于皓存常常被问到引力波有什么应用，她回答说目前的应用很大程度局限在天文领域，但正如一百多年前，连麦克斯韦都不能断言电磁波日后的发展，对于引力波的应用，我们也只能拭目以待。心怀用引力波认识世界、改变世界的理想，如今在麻省理工学院当博士后学者研究员的于皓存仍在不断前行，用自己的力量探寻描述世界的终极理论。

2017年，激光干涉引力波天文台迎来了诺贝尔物理学奖。当天清晨，所有实验室的人都聚在一起庆祝，于皓存和大家一样，心里充满了喜悦与激动。当诺贝尔物理学奖得主雷纳·韦斯打来电话戏谑地说诺贝尔奖对他个人而言并不是最重要的，她想起来这位师爷曾经对她说："我们谁也不

于皓存和诺贝尔物理学奖得主及师爷雷纳·韦斯合影（组图）

确定探测的结果会如何,既然我们想做,就去尽全力试一试。"她满心的激动又化作了无限的敬意和感动。

对于皓存来说,物理永远有着吸引她去不断探索的魅力,这指引着她不断前行。如今,她仍会在内心提醒自己,不要忘记对物理最初的热爱,要纯粹一点儿,在物理研究的道路上走得更远一些。

哪个小朋友没有航天梦呢?对宇宙的好奇是引领她敲开物理研究大门的第一把钥匙

我记得 2003 年神舟五号发射成功,这是中国第一次载人航空航天飞船发射,那时我还在上小学,正是开始思考人生理想的时候,当时我看到电视里飞船成功发射时,我特别激动,所以我最初的理想是成为一名航天员。慢慢地,我了解到航天员需要经过重重严格的选拔,比较难实现,便觉得既然自己如果不能成为航天员,也可以成为在为航天和物理事业工作的一员。可能每一个小朋友都有一个关于航空航天和探索宇宙的梦想,我最初对天空和宇宙的喜欢慢慢演化,就开始越来越喜欢物理。那个时候我特别喜欢《果壳中的宇宙》,晚上睡觉前都抱着看,心里想着有朝一日能看看卡文迪许实验室(Carendish Laboratory)那些科学家们用过的桌子,走走他们走过的路,希望自己离物理研究更近一步。

中学老师的课堂上展现出了物理无尽的魅力,在她的心里种下了用物理探索世界真相的种子

上了中学之后我开始正式学习物理,我初中和高中的物理老师都特别优秀,他们对学生很关爱,有着物理学家一样纯洁的心,这更加激发了我

对物理的热爱。

初中的第一位物理老师是一位亲切的女老师，我印象很深的是她第一堂物理课的内容。她讲了一个很简单的与记忆数字相关的游戏，给我们讲解了物理是数学和形象的结合，很多时候我们需要的不是死记硬背，而是要是找到内在的规律。只需要简单的推理，并在头脑里把概念形象化，就能很容易记下来。我当时觉得耳目一新，这堂课完全展现出了物理的魅力。

高中的物理老师是一位沉着可爱的男老师，他在第一堂课上就表达出来希望我们通过感悟道理来学习物理。这对我的心灵是一种震撼，让我想一辈子都学习这个学科，去感悟人生的道理。

投身于科研也有几个原因，小时候常常被别人问想做什么，我就说想做科学家，我一直觉得做科研和我的性格比较契合，我可以很相对安静地做自己喜欢的东西。我一直想知道世界是怎么运行的，世界的真理是什么，我希望能通过做科研来探究到一些世界的真相。

这里还想特别感谢一位我的初中数学老师赵老师，他对我的思想成长和道路发展影响非常之深远。他常常教我们如何用一二十种方法解同一道题，教我们在脑海中默证几何定理。他也一直鼓励我们从小立志、博采众长，感受科学的美妙、享受从事科研的幸福。

走近物理的第一节课

在哈尔滨市南岗区西大直街55号，坐落着哈尔滨工业大学附属中学初中部。在这里，于皓存开始了她的初中生活，并且首次接触到物理这门学科。

提起对物理的第一印象，于皓存仿佛又回到了初中时期，回到了她的第一堂物理课。课前，周围的同学都在热烈地讨论着物理课要学什么、新老师什么样，于皓存也不例外。在老师走进教室开始上课后，她的好奇心变得更加强烈，因为这位和蔼的女老师并没有要求大家马上打开课本，而是提出要先做一个游戏。

老师看着大家雀跃的神情，提出了游戏规则："接下来，我要按照顺序说出一连串物品，不用笔和纸来记，看看同学们能记住多少。现在开始，一棵树、小鸭子、耳朵、旗子、钩子、口哨、镰刀、皮带、气球。"于皓存集中精神听着，在心里默默重复：一棵树、小鸭子、耳朵、旗子……可是到了第六七个，她就把前面的几个都忘记了。等到老师让同学们复述的时候，说到前两三个物品，大家的声音还很大，到了后面几个，声音越来越小。最后，只有少数几个同学能把9个物品都按顺序记住。于皓存心里越来越不解，游戏和物理有什么关系呢？

老师的话解开了于皓存心里的疑惑，她说："这些物品看起来是随机的，其实它们是代表数字的一个个形象，一棵树是1、小鸭子是2、耳朵是3、旗子是4……物理和这个游戏很像，它把数学和生活结合得很紧密。很多时候我们不需要去死记硬背公式，只要找到里面的规律，再加上简单的推理，就能在头脑里把它们和生活中的形象联系起来。然后，你会发现物理是一门很简单又非常有趣的学科。"

于皓存听完觉得耳目一新，老师用一个简单生动的游戏在她的心里种下了属于物理的一颗小小的种子，她在心里暗暗赞叹道，原来这就是物理的魅力。

初中生活像一段流畅欢快的乐曲，在不经意间流走。很快，于皓存考进了理想的高中——哈尔滨市第三中学。初中时期与物理的短暂接触，让于皓存期待发现物理更多的魅力。

伴随着喜悦和忐忑，于皓存终于等到了高中的第一堂物理课。物理老师首先郑重地在黑板上写下了两个词——"物理"和"悟理"，他指着黑板上的"物理"说："我今天教大家的是物理，物理是为了让人们明白事物的道理，"又指到"悟理"这个词说："但我更希望你们能用心感悟道理，通过感悟世界的道理来学习物理，通过学习物理来感悟人生的道理。"

这段简单又有力的话语深深地击中了她，对于升入高中的于皓存，能感悟世界和生命的道理是一件多么宏大又吸引人的事情啊！此时，仿佛有一个声音大声地对她说："去探索，去感悟，去领略生命的真相，去发掘世界的真理吧！"

直到今天，于皓存提起中学时期两堂"物理第一课"，两位引领她走进物理世界的老师，还会热泪盈眶，她将两位老师的教诲牢记于心。

生活中的于皓存

父母的支持与关爱鼓励着她不断追随优秀物理学家的脚步

我十六岁生日的时候，妈妈鼓励我可以出国读大学去看看外面的世界，当时我心里特别高兴。我现在依然记得有一天晚上，睡觉之前爸爸走进房间，坐下来很认真地问我："爸爸只想问你一句心里话，不必考虑任何其他因素，你最想去哪里？"我说我想去英国，爸爸欣慰笑着说："那爸爸知道了，去你想去的地方，不要顾虑其他。"正是因为有父母长期无私的支持，我才能不断追随着著名物理学家的脚步，从哈尔滨走到伦敦，再一路来到波士顿。

她和引力波的缘分是从本科阶段一次偶然的机会开始……

我本科的前两年大多数时间还是在上课、复习、考试。当时，我掌握得很好的课程是电磁学，于是我在本科第一年结束的暑假，向电磁学老师提出是否有机会可以去他的实验室帮忙做一些真正的科研实验，那时刚好有一个搭光路做干涉仪实验的机会，比起理论我更喜欢动手做实验。那个暑假是我第一次接触到真正科研中的实验——搭光路、修仪器、买零件、焊电路等，琐碎繁杂，但也乐在其中。

物理对于我而言就好像是恋爱的对象，接触到引力波并且和导师认识的过程也是机缘巧合。本科第二年暑假时我想再找一个科研机会锻炼自己，那时我刚好了解到探测引力波 LIGO 这样宏大的实验项目竟是基于光学和干涉仪的基础理论概念，这是利用迈克尔逊干涉仪探测时空的压缩或拉伸，这个理论甚至能给高中生讲明白。我当时想，能把如此简单的东西做到这么精准和极致，里面肯定包含着很多复杂的东西，这真是太了不起了。于是，我给研究引力波的教授，也是我未来的博士生导师发出了邮件，导师热情地回复了我，欢迎我去做暑期实习。

在欧洲的于皓存

毕业后我和导师又聊到这个美好的开端，她说其实每年暑假都能收到相当多的邮件，如果当时组里面的科研想法成形，就会需要适合的学生，这样我才有了这次的机会。她说很感谢我主动寻找机会，也感谢自己给了我这次机会，这样才能让我们互相认识，让我后来在她这里读博士，并且做出了一定的成绩。我和我的导师都十分珍惜和感恩上天给了我们这样的缘分。

兴趣与热爱让她决定跟着心灵指引的方向走下去

引力波的神秘性不断吸引着我，宇宙、空间、量子力学都让我很神往，我也很喜欢做实验，感觉搭光路像搭乐高玩具一样，所以我选择做量子光学实验。我当时年少天真、充满理想主义，并没有考虑生存的压力，只是跟着自己的兴趣和热爱走下去，顺着心指引的方向走。我到现在都很相信"心的力量"，因为兴趣和热爱才能源源不断地给予自己动力，我很喜欢那句话，"如果你知道你想去哪里，全世界都会给你让路"。我也常常对学弟学妹们说，问问自己十年和二十年之后想成为什么样的人，希望过什么样的生活，这样才会清楚自己现在要做什么选择。我能想到的自己理想的生活就是一直做物理研究。

选定了要进入引力波实验室，还需要选择研究的具体方向。进入LIGO实验室选方向时，导师建议我花两周时间，在每一个方向都观察、体会并尝试两天，看我有没有自己的偏好，如果对很多方向都很喜欢，导师就会给出一些建议，"哪里需要我，我就去哪里"也是很好的选择。对于刚成为研究生的同学可以了解得更宽泛一些。刚接触科研，就像你面前摆了一桌子好吃的，如果你不去尝，哪里会知道自己喜欢什么？你可以先去不同的实验室参观，和不同的导师聊一聊，恋爱如此，科研也如此，

做实验的于皓存

"如人饮水，冷暖自知"对方的看着好未必就适合你，需要接触一个人、一个科研组，互相了解后才知道什么适合自己。高校现在也鼓励入校新生尝试各个科研组，接触不同导师，看不同组里的文化，慢慢地你自然就知道你想去哪个组。

面对实验中出现的小问题，最初的激情虽然会消退，但物理仍然是她不可或缺的朋友

很多同学，包括我在内，最开始做科研时会很有热情，但这样的激情很难长时间持续下去，就像恋爱时起初都是激情与热爱，时间久了便是柴米油盐的琐碎和矛盾。我们做科研期间会遇到各式各样的问题——仪器出问题、很多天持续卡在一个问题上没进展、实验周期长不出成果、组会上因为进展缓慢没有成果汇报等。但当你真正热爱这个学科时，这些事情也是另一种享受。厌倦的时候，可以选择去放松一下，比如实验做不出来，去打游戏或者做做运动作为调剂。物理对我而言更像一个归属，哪怕没有那么多激情，物理还是会给我温暖。不是因为哪一次做科研很有激情所以这样认为，而是我觉得哪怕有什么问题出现，我还是愿意做这件事情。就像有句名言所说的那样："生命不在于等待暴风雨离去，而在于学习如何在雨中翩然起舞。"

物理像一个不可缺少的朋友，每天陪伴着我。我可能很难想象做别的事情我能坚持做一辈子，但是我能想象到自己长期做科研的样子。

最开始读基础科学时，容易定很大的目标，比如要拿诺贝尔奖、要有重大发现、要让所有人看到自己，有这样一句话："每一个学物理的人都有一颗拿诺贝尔奖的心"。目标立得高是好事，不过到真正做科研的时候我们会发现有很多东西要学习，前人已经建构出很完整的理论框架，我们

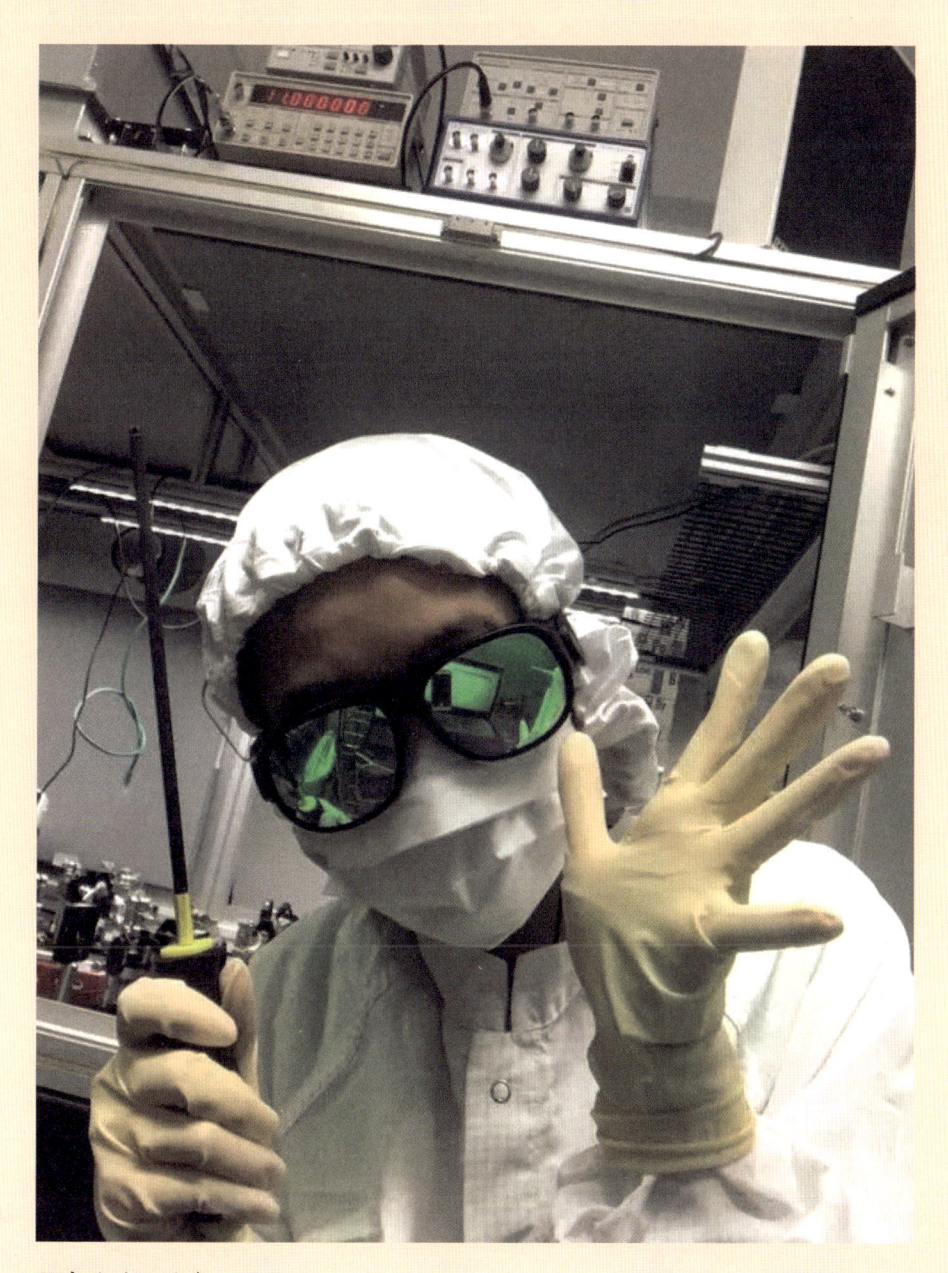

做实验的于皓存

能突破的地方只有一点点。慢慢地，目标可能会变成我要拿到教职、要发一篇好文章。再变成做好实验、找到地方做博士后。最后可能变成能毕业就可以了。这种心态的转变不是变得消极了，而是把目光放在更具体的事物上，可是也要记得反问自己对科研的热情有没有减退。我的导师会问我们："每天早上叫醒你的是闹钟，还是你的实验，还是你对物理的热爱？"，脚踏实地不意味放弃理想，反而这样的心态会因为情绪没有大起大落，更容易达成目标。

探测到量子关联时，她的第一反应不是激动……

目前大家对待科研成果是既兴奋又谨慎的，当时我探测到引力波探测仪中的量子关联的第一反应是思考这次结果是不是碰巧遇到的，要不要再验证一遍。目前的实验由于有理论的支持，我们在心里会先设定一个预期。比如当时我们做真空压缩的注入，发现量子辐射压变大的程度超出了我们的预期，当我把数据发到内部时，大家都特别激动，在讨论这是不是意味着我们能在4000米探测仪上看到量子关联和量子辐射压。数据得到时带我们的博士后开玩笑说："于皓存你可是看到引力波量子辐射压效应的第一人。"一起做实验的学长滑着椅子赶过来："那我是不是第二人？"比起实验成功的激动，产生新的实验想法和思路有的时候会让我更加兴奋。

在引力波观测点的于皓存

> 科研的过程总会遇到挫折，在荒凉的观测点进行实验时，心理上的孤独感让她备受挫败。此时，导师的拥抱、理解与鼓励让她重新充满力量

我的挫折很多时候体现在心态方面。LIGO里面最大的实验在观测点，两个主要的观测点位置都非常荒凉，一个在西边类似戈壁滩的地方，一个在南边大森林里面。组里会派博士生去观测点，在五年的博士时间里，有三年我都在观测点度过。观测点很偏远，我们住在附近的村镇上，每天开车20～40分钟才能到，周围几乎什么都没有。当时在观测点只有我一个中国人，生活环境和心理上的孤独都让我很不适应。由于仪器在晚上时噪声比较小，所以调试期还要过昼夜颠倒的生活……

我当时对自己有点儿失望，后来我的导师奈吉斯·马瓦瓦拉给了我很大的支持，她赶来观测点看到我的状态，在众人面前紧紧地拥抱我。午饭后，她和我促膝长谈说："亲爱的，我们都是人，不是做科研的机器或者机器人，我们需要关怀和舒适感。我当年在这个观测点工作了六年，我和你有过同样的感受。我们从小出生成长在大城市，不适应村镇的生活，这再正常不过。允许每个月给自己放五天的假吧，回到大城市去和你的亲朋好友在一起，保持自己的身心健康。但是也要知道，观测点是我们的前线，所有最精彩的科研突破都是在前线上被第一次发现的，这里是科研成果绽放的地方，我们需要有人在前线工作，在这里工作是很激动人心的。我的导师雷纳·韦斯已经八十多岁，我现在也已经五十多岁了，再过些年我们的时代即将过去，引力波的事业全靠你们这一代。将来所有激动人心的时刻都必将属于你们这一代。"我当时热泪盈眶，感到很温暖，师爷把引力波事业交给我的导师，我将来也会从导师手里接过接力棒，我们会一代代肩负着科研的重任，把科研事业传承下去，这份使命感和传承感让我

于皓存（左）和导师奈吉斯·马瓦瓦拉教授（右）

重新充满力量。

导师与师爷的科研精神潜移默化地影响着她，让她在科研道路上越走越远

我的导师看问题总能看到积极的一面，这可能是她在日常生活中对我影响最大的一点。博士期间我们有一个很难的资格考试，要考四门，学姐当时有一门没有考过。我们大多数人会感到很懊恼，导师却说："这不一定是件坏事。第一，你不应该只看到你没过的那科，我们应该庆祝你考过了三科；第二，我很庆幸你没过的是量子力学，而不是另一门，因为另一门更难；第三，你没过的刚好是你专业需要用到的科目，你可以重新复习、重新考一遍，这可以夯实你的实验基础。"

师爷雷纳·韦斯也有两件让我记忆深刻的事情。他拿诺贝尔奖的当天早上，LIGO所有人聚在一起庆祝，当时导师给师爷打电话，他以戏谑的口吻说："奖对我个人来说并不是最重要的，但奖励对全组的发展有鼓励作用，对组里的年轻一代有很大的激励。"他确实是这么想的，他的夫人曾经说师爷这一辈子只想着一件事，就是怎样探测引力波。听到师爷的话，我深深反思自己内心有多少是对物理的热爱，有多少是虚荣心造就的进名校、进好的实验室、取得荣誉。我会不断提醒自己纯粹一点儿，不要让论文、荣誉等副产品占据了我的生活，而是在物理研究这条路上更好地走下去。

我还记得刚进组的时候，当时引力波还没有被探测到，有一次遇到师爷和他打了招呼，我和他说："希望LIGO能早日探测到引力波。"他说："谁也不知道探测结果会怎样，既然我们想做，就尽力去试一试。如果能探测到最好，没探测到至少我们试过了。"很多次接触后，我发现他看待

调试探测仪的于皓存（组图）

研究成果的心态很平和。整个探测引力波的过程很漫长，从有最初的想法、建造 LIGO 已经三四十年了，他能保持既平和又对研究充满热情的心态，这是很让人崇敬的。

探测引力波

早在 1916 年，爱因斯坦就根据他的广义相对论预测到了引力波的存在。爱因斯坦认为引力是时空弯曲的结果，质量使周围的时空产生弯曲，当物质运动或质量改变时，时空的弯曲会产生变化。这种时空的波动以光速传播，像水面的一圈圈涟漪在宇宙中传播，引力波经过时，时空发生扭曲，物体之间的距离也会有规律地波动。由于常规物体产生的引力波非常微弱，观测引力波最好的方法是观测宇宙中大质量、高速运动的天体。

LIGO 的探测采用了激光干涉的原理。激光仪中发出的一束激光，经过分光镜，分成两束完全相同的激光，两束光线到达距离相等的两个反射镜后，沿原路反射并发生干涉。如果光束行进的距离完全相同，探测器就探测不到信号。当有引力波经过时，探测器周围的空间发生波动，会导致空间在一个方向上拉伸，同时在另一个方向上压缩，两束激光束走过的路程会产生细微的差异，探测器上的信号会发生明显的变化。

引力波探测的原理听上去简单，实际操作起来难度非常大，引力波引发的空间差异微乎其微，探测中还要排除地球上噪声的影响。LIGO 的探测持续了二十多年，期间的很多研究为其他学科提供了观测数据和工程数据，促进了激光物理、电子信号处理、传感器物理、真空系统等多个领域的发展。

三维空间中围绕黑洞的引力波模拟
图片来源：视觉中国

> **与生灵进行无声的对话，用指尖抚出宫商角徵羽，她享受着从零开始的过程。**

麻省理工学院有一个小型的马术俱乐部，我们的队长是比我大一两级的学姐。马术是我很喜爱的运动之一，我能在马背上切身感受到两个生命的相互信任与依赖，我和马之间仿佛有一种无声的默契，我不需要刻意驾驭和控制它，只需要放下恐惧，自然地随着它的步伐向前走，这是一种很奇妙的感受。骑马也给我们科研外的业余生活带来了乐趣和精彩，让我们对大自然充满热爱，精力更加充沛。

骑马是一件需要自己摸索感悟的事情，没有人能代替你骑到马背上。古琴更是如此，老先生教琴有点儿像古代的禅宗，一遍一遍地展示，让我们自己练习和领悟。音乐能给人非常好的滋养，古琴给我带来了宁静、放松和专注，很多物理学家也喜欢音乐，比如爱因斯坦喜欢拉小提琴，费曼喜欢打鼓……古琴在国外传播得很广，我们会定期举办雅集，几个人在一起交流。

我们在麻省理工学院组织了一个国乐团,有弹古筝、拉二胡、吹竹笛、吹箫、拉小提琴的同学们,大家还会在春晚上演一些节目,传播中国文化。

学习新的东西能够改进我对科研的想法。当我接触了课余的兴趣爱好,我发现很多东西不是努力了就能够很快掌握的,有时候尽管头脑中明白了,但我还需要很长时间的训练,手指才变得灵活,耳朵才变得敏锐。做科研也一样,要耐心地给自己一些时间,我以前做不出实验会变得很烦躁,但是现在越来越能够接受自己。

我接触物理这么多年,在物理领域浸润了很久,听到赞誉声越来越多,很容易变得骄傲。当我以一个新手的身份进入其他领域,便会重新审视自己,从"我很多都会"变成了"我什么都不会",这可以让我的头脑冷静下来,去虚心求教,广泛接受建议。我很享受自己从零开始、成长进步的过程。

我个人对各种哲学思想也很感兴趣,包括东方哲学、西方哲学、心理学。很多学科都是解释世界的一种方式。如果说物理是向外在世界追求真理,那么哲学、心理学更像把我们自己当成一个"仪器",从我们自己出

弹古琴的于皓存

发去感受世界，有时又反观自身。闲暇时我也喜欢阅读文学作品，中国的古诗词，尤其是苏轼的诗词，能在我烦恼时带给我很大的快乐和鼓励。从文学里我能看到各种各样的人生，比如茨威格的《昨日的世界》《人类群星闪耀时》，都能带给我很强大的力量。

破阵子·致引力波探测成功

于皓存

铁蟒密林雄踞，泥龙大漠威横。

千丈里穷双臂展，光亿年倾细耳听。

静观宇外星。

谁道苍穹喑默，原来引力惊澎。

二十载终期竣梦，几代人无寐夙兴。

乾坤感意诚。

在亲密关系中，她懂得了与他人求同尊异

男性和女性进入感情时应该是顺其自然的，现代社会感情之所以会成为一个问题拿出来讨论，可能是因为大家活动范围比较大，不稳定性变高了。比如我在国内读到高中毕业，到英国读本科，到美国读博士，毕业后换到了欧洲。在三四十岁之前，我都处在不稳定时期，如果要同时考虑个体的发展和亲密关系的发展，很多时候会变成一件权衡利弊的事。所以我还是倾向于两个人要多跟随自己的内心、多交流，而不是互相给对方提出要求，这样的话可能问题会更好解决一些。

女性和男性在生理和心理上还是有很大差别的，两性关系对我最大的改变是让我能够设身处地试图去理解对方的想法，了解和我不一样的人，

而不是认定我自己的想法才是合理的。这个过程会让一个人的心态更加开放。另一方面，亲密关系让人变得很放松，展现出自己更真实的一面，同时也会暴露出很多自己的问题，我可以从亲密关系中反观自己。无论两个人是在和谐中还是在争吵中，对方都是我的一面镜子，让我能更好地认识到自己的世界观和价值观。

在我的家庭中，爸爸工作忙一些，给我更多的是精神支持，妈妈则是做什么事情都会陪着我，所以我从小的观念是妈妈需要时刻陪着孩子，但不同的孩子来自不同的家庭就会有不一样的想法。不同家庭的观念让我觉得很有意思，让我看到更多的可能性，看到世界上不同人的差异。

我觉得理想的亲密关系是在成就自己的同时也成就他人。双方都应该首先做好自己，追求属于自己的人生目标，同时也给对方追求理想、实现理想的自由，相互交流、共同成长。如果在恋爱或者婚姻关系中，任何一方做出了不对等的牺牲，两个人都会面临极大的压力。

乐于拥抱变化的她，经常会思考父母为什么焦虑子女的婚姻大事

人会随着时间成长和变化，我们在不同的时期喜欢的人可能也会不一样，婚姻或许意味着承诺和责任，代表两个人亲密关系走到了一定阶段，两个人能够完成某种仪式，愿意继续走下去，这段关系会有更多的安全感。这固然会很浪漫，但如果到了某个时间段两个人发生了变化，也应该拥抱这种变化。婚姻很符合人追求安全感的特点，但是生活中面对的很多事情到了最后还是需要自己独自面对。

我父母出于对我的关爱希望我能安稳一些，但并没有给我很大的婚恋压力。有时我会思考，为什么人到了某个年龄没有"安稳"下来，会让

生活中的于皓存

父母或自己焦虑。有时父母的焦虑是不是会带来负面的压力？小孩子有了自己的家庭就代表他们安全有依靠了吗？我们是不是在用"拥有家庭"和"拥有子女"在进行无意中的攀比？婚姻家庭真的就能带来所谓的幸福和安稳吗？我经常和父母沟通，偶尔我还会问他们"你们结婚生子，你们从婚姻中得到了真正的幸福吗？"我觉得下一代父母逐渐变得开明，会更尊重孩子作为独立个体的意愿。

养育孩子是全社会需要解决的问题，她提到这对周围很多家庭都是一个难题

如今社会可能需要提供更大的支持来帮助父母分担养育孩子的压力，比如在双职工家庭里面，如果两个人的工作时间都没有很大的灵活性，双方父母又不能给予很大的帮助，养育一个小孩在时间上就很难，这在很多国家都是一个问题。如果请保姆或者送小孩到托管机构，家庭就要承担一定的经济压力。如果员工可以灵活选择八小时工作时间，养育孩子在时间上就可以避免很多问题。

从同学的例子里，于皓存注意到勇于发声也是改变周围环境的重要一环

以前可能女性被忽视的现象比较多，现在女生的意见逐渐被重视起来了，这是很好的趋势。学校里之前发生过一件事，起因是很多物理楼里女生比较少，所以会采用男女混用的厕所，而部分女生会觉得需要单独的女厕所，一定要男女分开。校方最开始并没有意识到这个问题，忽视了这部分女生的需求，我有一位同学很有勇气，给学校写信说明这个情况，学校

后来就把男女厕所分开了。

这件事非常小，但我从同学身上看见，如果我们发现一个现象是学校没有意识到，大家就要主动提出来，这样才能让别人注意到以前被忽视的事情。勇于发出自己的声音、正确表达自己的感受和想法能够有助于别人了解你，也有助于减少歧视和区别对待。

她想对你说：

无论男性还是女性，大家都可以在后天学习中逐渐完善自己。尽管男性和女性先天会有不一样的地方，我通常会看到男性更自我一些，很清晰地知道自己要做什么，不那么容易受别人的影响；女生更能听进别人的建议，对别人的建议考虑得更多，考虑问题比较细致周到。我觉得比较成功的科学家都是能把男性特质和女性特质综合起来的人，他们拥有比较完善的人格，既有自己的想法又善于吸纳别人的建议，既关注大局又注意细节。

这个世界对我来说就像一所大学，我来到世界是为了学习和体验很多东西，我想学不同的课程、进入不同的社团、认识不同的人，有一天不留遗憾地从这个世界"毕业"。我有时也会收到一些批评，说我是"不断追求刺激和新鲜感的小女生"。不过我现在还是愿意充满热情地体验世界的绚丽多姿，尽管有时会面临风险，但我希望把人生过得精彩一些。就像大家都喜欢情节一波三折的电影，我希望我的人生也是一部精彩的电影。

做科研也好，做其他工作也好，希望大家都可以做回自己，遵循自己的内心，能够在这个世界经历自己想经历的东西，玩得愉快！